HOW TO
PRAY
EFFECTIVELY

VOLUME ONE

Chris Oyakhilome, PhD

효과적으로 기도하는 법

제 1 권

크리스 오야킬로메 지음 | 김진호 옮김

믿음의말씀사

HOW TO PRAY EFFECTIVELY
ISBN 978-978-53088-0-8
Copyright ⓒ 2012 LoveWorld Publications
e-mail: cec@christembassy.org
website: www.christembassy.org

2013 / Korean by Word of Faith Company, Korea.
Translated and published by permission. Printed in Korea.

효과적으로 기도하는 법 제1권

1판 1쇄 발행일 · 2013년 8월 12일
1판 2쇄 발행일 · 2018년 10월 13일

지은이   크리스 오야킬로메
옮긴이   김진호
발행인   최순애
펴낸곳   믿음의 말씀사
2000. 8. 14 등록 제 68호
(우) 16934 경기도 용인시 기흥구 신정로 301번길 59
Tel. 031) 8005-5483/5493   Fax. 031) 8005-5485
http://faithbook.kr

ISBN 89-94901-47-7 03230
값 6,500원

본 저작물의 한국어판 저작권은 LoveWorld Publishing와의 독점 협약으로 '믿음의 말씀사'가 소유합니다. 저작권법에 의해 한국 내에서 보호를 받는 저작물이므로 무단 전재와 복제를 금합니다.

본 책에 인용된 성경 구절은 개역개정이며, 예외의 경우에는 따로 표기함.

| 목차 |

서문 ··· 6

제1장 믿음의 기도 ··· 9
제2장 당신이 할 것을 알고 행하십시오 ············· 25
제3장 간구의 기도 (Ⅰ) ·· 31
제4장 간구의 기도 (Ⅱ) ·· 43
제5장 영으로 기도하기 ·· 53
제6장 합의 기도 ·· 67
제7장 중보 기도 ·· 77
제8장 성도들을 위해 기도하기 ··························· 87
제9장 물질적인 필요를 위한 기도 ··················· 103
제10장 예언적 기도 ··· 115
제11장 경배와 찬양과 감사의 기도 ·················· 121

결론 | 기도로의 특별한 초대 ······························ 139

서문

기도는 무엇보다도 하나님과 교통하는 것입니다. 교통에는 목적이 있고, 목적은 방법과 효과적인 교통에 필요한 자세한 것들을 결정하게 됩니다.

예수님의 제자들은 유대인들이었으므로 종교적으로 기도하는 것을 알고 있었습니다. 예수님과 얼마 동안 함께 살면서 그들은 예수님은 자기들과 다르게 기도하신다는 것을 깨달았습니다. 예수님의 계속되는 기도 응답의 결과들을 보고 그들은 놀랐습니다. 마침내 제자들은 예수님께 "우리에게 기도하는 법을 가르쳐 주세요."라고 말했습니다.

많은 사람들은 기도에 관해서 "종교"와 잘못된 가르침으로 잘못 알고 있습니다. 그래서 그들은 기도에 관한 기본적인 진리에 관해서도 잘못된 개념을 바꾸기를 힘들어 합니다.

왜 기도합니까

그리스도인으로서 기도는 우리에게 매우 중요한 삶의 일부입니다. 무엇보다도 우리는 기도를 권리일 뿐 아니라 특권으로 인식해야 합니다. 모든 기도의 시간들은 영원에 투자하는 것이며 의의 로맨스입니다. 우리는 아버지와 그분의 아들 예수 그리스도와 교제합니다. 기도를 통해 우리는 하나님과 같은 류God-kind의 교통 즉 하나님의 보좌가 있는 궁전의 만남에 참여하게 되는데, 이는 예수님께서 그렇게 해 주신 것입니다! 우리의 이해의 눈이 밝아져서 이 장엄한 진리에 눈이 열려서 이 빛 가운데 행하게 되기를! 기도를 통해 우리가 가질 수 있는 부요한 교통의 시간이 얼마나 귀한지요!

성경은 우리에게 쉬지 않고 기도하라고 하십니다(살전 5:17). 기도는 우리의 영이 하나님의 영과 능력을 받을 수 있도록 우리의 영을 준비시켜 줍니다. 그러면 우리가 세상을 변화시킬 수 있도록, 그분의 아이디어와 비전을 더 인도받을 수 있도록 우리 자신을 연결할 수 있습니다.

기도할 때 우리는 우리에게 유리하도록 하는 엄청난 능력과 역사를 풀어놓게 됩니다. 어떤 기도 시간은 영적인 영역에서 자신이나 가족 또는 사역에 있어서 가까운 장래나 조금 먼 미래에 관하여 길을 곧게 하도록 도와주려고 주님께서 특별히 계획한 기도입니다. 기도를 통하여 예수 그분의 이름으로 상황을 변화시키며 운명을 바꿀 수 있다는 것이 얼마나 놀라운 일입니까! 우리는 날마다 혜택을 부어주시는 친절하고 사랑하며 은혜로운 하나님을 섬기고 있습니다(시 68:19). 기도 시간에 우리는 그분의 선하심을 묵상하고 또한 우리의 삶의 환경에 이 혜택들이 나타나게 합니다.

하나님은 자녀들과 함께 풍성하고 생기 있으며 오래가는 교제를 원하시지만 자녀들이 효과적으로 기도하는 법을 모른다면 어떻게 좋은 교제를 할 수 있겠습니까? 그래서 하나님께서는 나에게 『효과적으로 기도하는 법 제 1권』을 써서 효과적인 기도의 핵심 진리와 원칙들을 나누도록 인도하셨습니다. 이 첫 번째 책은 당신에게 각각의 다른 상황에 따른 다른 기도의 규칙들을 분명히 이해하도록 하여서 당신이 원하는 결과를 얻을 수 있게 적용하도록 도와줄 것입니다.

당신이 심령을 열고서 당신에게 계시되는 하나님의 진리를 받아들여서 실천한다면 당신의 기도의 삶은 혁명적인 변화를 가져올 것을 기대할 수 있습니다.

제 1 장

믿음의 기도

그리스도 안에 있는 신자로서 우리의 삶은 믿음의 삶입니다. "믿음"은 우리를 불신자들과 구별되게 하는 현저한 덕목입니다. 그리스도를 통한 하나님의 은혜로운 구원을 받아들이므로 우리의 영 안으로 영생(하나님과 같은 종류의 생명)을 받을 수 있게 한 것은 믿음입니다. 하나님과 우리가 동행하는 것도 믿음의 걸음입니다. 로마서 1:16-17에서 사도 바울은 이렇게 말했습니다. "내가 복음을 부끄러워하지 아니하노니 이 복음은 모든 믿는 자에게 구원을 주시는 하나님의 능력이 됨이라 먼저는 유대인에게요 그리고 헬라인에게로다 복음에는 하나님의 의가 나타나서 믿음으로 믿음에 이르게 하나니 기록된 바 오직 의인은 믿음으로 말미암아 살리라 함과 같으니라." 이 말씀은 신자로서 살아가는

데 믿음이 핵심인 것을 확인해 줍니다. "믿음이 없이는 하나님을 기쁘시게 하지 못하나니…"(히 11:6)

우리의 기도 생활에서는 믿음의 원리가 결정적인 역할을 합니다. 믿음의 기도는 여러 가지 기도 가운데 하나이며 고유한 규칙과 요건들을 갖추어야 합니다. 이 기도는 하나님께 요구하는 것이며, 우리의 심령으로 의심없이 우리가 원하는 것과 상황이 일치하도록 상황에 대하여 말하는 것입니다.

마가복음 11:22에서 예수님은 그의 제자들에게 "하나님을 믿으라…"라고 가르치셨습니다. 문자적으로는 "하나님의 믿음을 가지라Have the faith of God"라고 흥미 있게 번역했습니다. 이는 다른 말로 하면, 하나님과 같은 종류의 믿음God-kind of faith을 가지라는 말입니다.

당신이 만일 우리 주님께서 말씀하고 계시는 이런 종류의 믿음을 이해하고 이런 믿음으로 사는 법을 배운다면 당신은 아주 잘 준비되어 믿음의 기도를 통해 결과를 얻을 준비가 되어 있는 것입니다. 나는 『당신의 믿음을 역사하게 하는 법』믿음의말씀사, 2011이란 다른 책에서 여러 종류의 믿음에 대하여 깊이 있게 가르쳤습니다. 그러나 여기서는 하나님의 믿음을 가지는 것에 관하여 예수님께서 하신 말씀을 보겠습니다.

그분의 심오한 말씀에 이어서 예수님께서는 하나님과 같은 종류의 믿음에 관하여 매우 중요한 것을 계속해서 말씀하셨습니다.

막 11:22-24

예수께서 그들에게 대답하여 이르시되 하나님을 믿으라 내가 진실로 너희에게 이르노니 누구든지 이 산더러 들리어 바다에 던져지라 하며 그 말하는 것이 이루어질 줄 믿고 마음에 의심하지 아니하면 그대로 되리라 그러므로 내가 너희에게 말하노니 무엇이든지 기도하고 구하는 것은 받은 줄로 믿으라 그리하면 너희에게 그대로 되리라

주님은 반복해서 믿는다believe는 단어를 사용하시면서 기도할 때 우리가 원하는 것을 이루려면 믿는 것이 근본적인 조건이라는 것을 강조하고 계십니다. 그러므로 먼저 해야 할 결정적인 질문은 믿는다는 것이 무엇을 의미하느냐 하는 것입니다.

당신은 그리스도인들의 믿는다는 개념은 믿지 않는 사람들의 개념과는 다르다는 것을 이해해야 합니다. 누구든지 무엇을 믿을 수 있습니다. 성경은 "네가 하나님은 한 분이신 줄을 믿느냐 잘하는도다 귀신들도 믿고 떠느니라 아아 허탄한 사람아 행함이 없는 믿음이 헛것인 줄을 알고자 하느냐?"라고 말씀하고 있습니다. 당신은 심지어 귀신들도 믿는다는 것을 알 수 있는데, 하나님의 자녀로서 당신이 믿는 것과 귀신들이 믿는 것을 구별시키는 것은 당신의 일works입니다. 이것이 예수님께서 마가복음 11:23-24에서 언급하신 "믿는 것"인데, 이것은 바로 행동하고 차지하는 "믿음"입니다.

막 11:24

그러므로 내가 너희에게 말하노니 무엇이든지 기도하고 구하는 것은 받은 줄로 믿으라 그리하면 너희에게 그대로 되리라

"기도할 때, 너희가 믿기 전에 네가 요구한 것을 받을 때까지 기다리라."고 예수님께서 말씀하지 않은 것에 주의하십시오. 오히려 기도하는 그 시점에서 받은 것을 믿으라고 말씀하시고 그러면 우리가 구한 것을 가지게 될 것이라고 말씀하셨습니다. 이것이 믿음입니다! 믿음은 '지금 내 눈으로 보이지는 않아도 나는 그것을 가지고 있다.' 라는 뜻입니다. 그러므로 마가복음 11:23-24에서 예수님이 가르침 가운데 말씀하신 '믿는 것' 은 소망의 영역에서 살아가는 사람이 아니라, 어떤 것이 '존재한다' 는 것을 받아들이고 '존재하는 것처럼 행동하며 차지하는 자a possessor' 에 관해 말씀하시는 것입니다.

믿음의 기도의 원리들

1) 구체적인 소원desire이 있어야 합니다

믿음의 기도에 있어서 구체적으로 바라는 것은 매우 중요합니다. 예수님은 이렇게 말씀하셨습니다. "내가 진실로 너희에게 이르노니 누구든지 이 산더러 들리어 바다에 던져지라 하며 그 말

하는 것이 이루어질 줄 믿고 마음에 의심하지 아니하면 그대로 되리라"(막 11:23)

예수님은 우리가 기도할 때 원하는 것을 구체화하는 것의 필요성을 강조하셨습니다. 위의 성경 말씀에서 "누구든지 어떤 산을 향하여"라고 하지 않고, "누구든지 이 산더러"라고 하신 것을 주의해 보십시오. 그러므로 믿음의 기도에 있어서는 당신이 분명하고 구체적인 소원을 심령에 가지는 것이 너무나 필수적입니다. 당신의 소통이 막연해서는 안 됩니다. 당신은 하나님의 말씀 위에 단순하게 믿음으로 서서 행동함으로써 언제나 결과를 기대할 수 있습니다.

예를 들어, 당신이 목사로서 당신의 교회를 배가시키고 싶다면 당신은 현재 성도의 숫자를 정확하게 알고 있어야 합니다. 예를 들어 현재 50명의 성도가 있다면 당신이 정한 기한 안에 100명을 기대하고 있다는 말입니다. 이것이 구체적인 것입니다! 혹은 재정적으로 증가를 바랄 수도 있습니다. 그러면 이렇게 질문해 보아야 합니다. 현재 나의 연평균 수입은 얼마인가? 내년에 나는 얼마를 더 받기 원하는가?

믿음의 기도를 통해 효과를 보려면 구체성은 필수 원칙입니다. 예수님께서 "누구든지 이 산더러 말하기를"이라고 하신 것을 기억하십시오. 이 말은 당신이 그 산에 관하여 말하거나 하나님께서 그 산에 관하여 무엇인가를 해 달라고 말하는 것이 아니고,

당신의 기도의 내용은 당신의 필요의 구체적인 분야를 지향하고 있어야 한다는 뜻이며 그렇지 않으면 원하는 결과를 얻지 못할 수 있다는 것입니다.

2) 보이지 않는 것을 보십시오

믿음의 기도에는 또 하나의 중요한 원칙이 있습니다. 당신은 보이지 않는 것을 보아야 합니다! 당신은 당신이 원하는 것을 시각화할 수 있어야 하는데 이는 당신이 원하는 것이 구체적일 때에만 당신이 볼 수 있기 때문입니다.

보이지 않는 것을 어떻게 보느냐고요? 믿음의 눈으로 봅니다! 왜냐하면 당신이 볼 수 없는 것은 소유할 수 없기 때문입니다.

고후 4:18
우리가 주목하는 것은 보이는 것이 아니요 보이지 않는 것이니 보이는 것은 잠깐이요 보이지 않는 것은 영원함이라

예전의 위대한 조상 아브라함은 열국의 아버지가 되는 그를 향한 하나님의 비전을 보아야 했습니다. "(하나님께서) 그를 이끌고 밖으로 나가 이르시되 하늘을 우러러 뭇별을 셀 수 있나 보라 또 그에게 이르시되 네 자손이 이와 같으리라 아브람이 여호와를 믿으니 여호와께서 이를 그의 의로 여기시고"(창 15:5-6)

여호수아가 여리고를 공격할 것을 계획할 때 주님은 이렇게 말씀하셨습니다. "…보라 내가 여리고와 그 왕과 용사들을 네 손에 넘겨 주었으니"(수 6:2) 우리가 무엇을 원하든지 우리가 머리로 그림을 그리는 것이 필수적이라는 것을 이 두 예가 보여주고 있습니다. 궁극적인 이유는 바로 이것입니다. 당신의 비전의 크기가 당신의 복의 한계를 정하기 때문입니다.

나는 조용기 목사님의 간증을 좋아합니다. 그는 오래전에 그가 사역을 막 시작했을 때 이야기를 합니다. 작은 교회를 섬기면서 그는 하나님께 의자와 책상과 자전거를 구했습니다. 그러나 하나님께서는 어떤 종류의 의자와 책상과 자전거를 원하는지 물었고 그는 구체적으로 말씀드렸습니다.

그는 받은 것으로 믿고서 주일 날 아침 성도들 앞에서 "주님을 찬양합니다. 나는 의자와 책상과 자전거를 가지게 되었습니다." 라고 발표했습니다.

그의 성도 중에 이제 막 하나님의 말씀을 배우기 시작한 한 젊은이가 믿기지 않는다는 듯이 물었습니다. "그런데 오늘 목사님은 교회까지 걸어오셨잖아요. 그 자전거는 어디 있지요?"

물론 성도들에게 보여줄 자전거는 없었지만 그는 그가 언급한 모든 것을 이미 가지고 있다고 주장했습니다. 그날 예배를 마친 후에 성도들 몇 사람이 목사님이 정말 가지고 있는지 확인하기 위해 목사님 집으로 함께 가기로 했습니다.

믿음의 기도 15

집에 가서 거기도 세 가지 중에 하나도 없다는 것을 발견하고 그들은 목사님에게 물었습니다. "의자와 책상과 자전거가 어디 있습니까?"

"내 안에 다 있습니다. 나는 의자와 책상과 자전거를 잉태했습니다!"라고 그는 대답했습니다.

성도들은 배를 붙잡고 웃었습니다. 그들은 돌아가서 사람들에게 이렇게 말했습니다. "와서 우리 목사님을 보십시오. 우리 목사님은 의자와 책상과 자전거를 임신 중입니다!" 그들은 이렇게 말하는 사람을 본 적이 없었지만 조 목사님은 이것들이 실제 존재하고 있는 것을 볼 수 있었던 것입니다. 믿음의 눈을 통해 그는 보이지 않는 것을 보았습니다. 얼마 지나지 않아서 정확하게 의자와 책상과 자전거를 믿음으로 받아서 그는 눈에 보이는 실재가 되게 했습니다.

이것을 이해하십시오. "보이지 않는 것을 보는 것"은 "긍정적인 것"과 똑같은 것이 아닙니다. 이것은 실제로 "하나님이 보시는 것 같이 보며 없는 것을 있는 것 같이 부르는 것"을 의미합니다.

로마 교회에 쓴 편지에서 바울은 하나님과 같은 종류의 믿음에 관하여 매우 교훈적인 것을 나누고 있습니다.

롬 4:17

그가 믿은 바 하나님은 죽은 자를 살리시며 없는 것을 있는 것으로 부르시는 이시니라 당신의 눈에 보이지 않아도 어떤 것이 당신의 것이라는 것을 너무나 확신한다면 마귀나 누구라도 당신으로부터 그것을 빼앗는 것은 불가능합니다. 왜냐하면 당신은 이미 당신의 생각의 힘을 사용하여 그것을 믿음으로 소유하고 있기 때문입니다.

3) 당신의 증거를 사용하십시오

히브리서 11:1에 의하면 믿음은 "바라는 것들의 실상이요 보이지 않는 것들의 증거"입니다. 그러므로 믿음의 기도는 당신이 가지고 있는 증거를 사용하기를 요구합니다. 그러나 당신은 사용하기 전에 그 증거를 인정할 수 있어야만 합니다.

소망은 위대한 덕목입니다. 소망은 위대한 미래를 가져오는 기본적인 영적 원리입니다. 그러나 믿음은 소망하는 것들의 실상substance입니다. 믿음은 미래를 실현시키는 증거입니다. 예를 들어서 당신이 땅 한 필지를 가지고 있는데 그 땅에 대한 소유권을 증명하라고 요구받는다면 그에게 그것을 보여주려고 그 땅을 그 장소에서 옮겨 오려고 하겠습니까? 물론 그러지 않을 것입니다! 사실은 그렇게 할 수도 없습니다. 당신은 단지 그 땅에 대한 등기문서를 제시할 것입니다.

확대 번역 성경에서는 믿음을 이렇게 정의했습니다. "우리가 바라는 것에 대한 확신[확인하는 것, 등기 권리증], 우리가 보지 못하는 것들의 증거, [믿음이 감각에까지 나타나지는 않은 실제

사실을 인식하는 믿음] 실재에 대한 확신"(히 11:1)

그러므로 믿음의 기도로 변화를 보기 원한다면, 당신은 영적으로 깨어 있어서 성령님께서 당신이 깨닫도록 하시는 것을 인식해야만 합니다. 가끔 당신은 예언의 말씀을 통하여 당신의 속 사람 안에 승리의 신호를 받기도 할 것입니다. 그런 말씀은 꼭 다른 사람을 통하여 오는 것이 아니라 성령님께서 당신이 기도할 때 당신의 입에 말을 주시거나, 당신 안에 큰 기쁨을 불러일으키는 노래를 주시기도 합니다. 이런 것은 승리했다는 증거이므로 절대 이런 것을 놓쳐 버리지 마십시오. 그것들을 묵상하십시오, 말하십시오, 다른 사람에게 소유하게 되었다고 담대하게 말하고 그렇게 행동하십시오.

만일 당신이 아파서 치유를 위해 기도했다고 합시다. 당신은 치유의 증거를 당신 안에서 찾아야 합니다. 하나님의 말씀을 공부하고 오늘 당신이 처한 독특한 상황에 대하여 하나님이 무어라고 하셨는지 찾아내십시오. 그 증거를 찾아 사용하십시오!

4) 기도한 후에는 의심하지 마십시오

당신이 원하는 것을 기도한 후에 당신의 심령에 의심을 허락하지 않는 것이 중요합니다. 믿음의 기도에 이것은 필수적인 법칙입니다. 의심은 처음에 한 기도가 상달되지 않았다는 두려움으로 인하여 똑같은 것을 반복해서 구하도록 합니다.

간구의 기도나 중보 기도와 같은 다른 기도는 반복하는 것이 허용되지만, 믿음의 기도를 하는 법은 당신이 기도했을 때 받은 것을 믿어야 합니다. 어떤 것을 반복해서 기도한다는 것은 의심이 당신의 심령에 들어온 것을 암시합니다. 기도를 반복할 때마다 당신은 자신의 이전 기도를 무효화하고 있는 셈입니다. 이것은 마치 농부가 씨앗을 심은 후에 다시 파내어 다시 심고 또 그 다음날 다시 파내는 것과 비슷한 것입니다. 그 씨는 결코 자라지 못하고 아무리 수확을 원해도 수확할 수 없을 것입니다. 당신의 기도는 그렇게 방해받을 필요가 없고 다시 의심하고 애쓸 필요도 없습니다.

진짜 당신인 당신의 영은 하나님에 의해서 그분의 말씀에 반응하도록 프로그램되었습니다. 성경은 "사람이 마음으로 믿어 의에 이르고…"(롬 10:10)라고 말하고 있습니다. 여기서 "마음heart"은 하나님께서 영향을 끼치려고 찾고 계시는 사람의 영입니다. 이와 같이 사람의 영에 있는 하나님의 말씀은 믿음을 세워줍니다. 그러나 사람의 영의 확신에 대하여 사람의 마음은 의문을 제기하여 의심을 일으킬 수도 있습니다. 이럴 때는 당신이 당신의 심령heart으로 의심한 것은 아닙니다. 믿음을 반대하는 그런 의심은 당신의 영에서 나온 것일 수도 있습니다. 그렇지만 하나님의 말씀은 이런 종류의 의심을 우리가 어떻게 다루어야 하는지 보여주고 있습니다.

당신의 마음mind에 있는 의심을 다루기

고후 10:3-5
우리가 육신으로 행하나 육신에 따라 싸우지 아니하노니 우리의 싸우는 무기는 육신에 속한 것이 아니요 오직 어떤 견고한 진도 무너뜨리는 하나님의 능력이라 모든 이론을 무너뜨리며 하나님 아는 것을 대적하여 높아진 것을 다 무너뜨리고 모든 생각을 사로잡아 그리스도에게 복종하게 하니

이 문맥에서 "견고한 진"은 그 사회가 우리에게 만들어준 논쟁arguments, 이론theories, 생각ideas을 나타냅니다. 이것들은 보통 사람들의 상상imaginations의 기본을 형성하고 있습니다. 이런 사람들의 논리는 이런 것들로 형성됩니다. 예를 들면, 의사는 자신의 인격의 중요한 부분을 형성하는 사실과 이론들에 대한 지식을 가지고 있습니다. 사람들은 각자가 받은 교육이나 훈련이나 문화에 의해 저마다 다른 사고방식을 가지고 있습니다. 그 결과 이런 다양한 지식들은 사람들의 마음에 의심을 만들어내어 그 심령에 하나님의 말씀에 반하여 작용하게 됩니다. 그러나 고린도후서 10:3-5은 우리의 전투 무기로 그것들을 물리칠 수 있다고 알려주는데, 그 전투 무기는 하나님이 주시는 발성이나 다른 방언으로 말을 하거나 하나님의 기록된 말씀을 담대히 선포하는 것입니다.

이렇게 함으로써 당신은 견고한 진을 파괴하고 마음에서 일어나는 상상들을 떨쳐버릴 수 있습니다.

당신의 영spirit에서 의심을 다루기

당신이 영으로 의심한다는 것은 두 마음을 품거나 당신이 확신하는 것이 흔들리거나 뒤로 물러서는 것을 말합니다. 야고보는 이렇게 말합니다. "… 의심하는 자는 마치 바람에 밀려 요동하는 바다 물결 같으니 이런 사람은 무엇이든지 주께 얻기를 생각하지 말라 두 마음을 품어 모든 일에 정함이 없는 자로다"(약 1:6-8)

이 말은 하나님의 말씀을 의심하고 있다는 것입니다. 성경은 로마서 4:20-21에서 이렇게 말하고 있습니다. "믿음이 없어 하나님의 약속을 의심하지 않고 믿음으로 견고하여져서 하나님께 영광을 돌리며 약속하신 그것을 또한 능히 이루실 줄을 확신하였으니"

아브라함은 믿음이 없어 하나님의 약속의 말씀을 의심하는 것을 거절하고 믿음으로 견고하여졌습니다. 강한 믿음은 당신의 심령에 있는 의심에 대한 해독제입니다. 하나님의 말씀에 의심이 생기거나 두 가지 마음을 품어 불안정하거나 믿으려고 애쓰는 자신을 발견하게 될 때는 당신의 믿음을 강화해야 할 필요가 있습니다. 믿음으로 살려고 할 때 이런 일이 일어납니다.

당신의 믿음은 사용하면 할수록 더욱 강해집니다. 당신의 믿음이 연약하다면 당신의 심령에 의심이 있다는 표시이며, 이런 약한 믿음은 당신이 믿음을 사용하지 않은 결과입니다. 그러므로 약한 믿음을 고치는 것은 당신의 믿음을 사용하여 하나님의 말씀대로 행동하는 것입니다. 당신의 믿음이 강해지기를 원한다면 하나님의 말씀을 행하기 시작하십시오! 예를 들면 성경은 이렇게 말씀하고 있습니다. "범사에 감사하라 이것이 그리스도 예수 안에서 너희를 향하신 하나님의 뜻이니라"(살전 5:18) 그러므로 어떻게 해야 하겠습니까? 하나님께 감사함으로써 성경말씀을 실천하십시오. 상황이나 환경에 관계없이 당신의 삶이 하나님께 대한 끝없는 찬양과 감사가 되게 하십시오. 이것이 말씀대로 사는 것입니다!

5) 당신이 말한 것을 얻게 됩니다

바른 고백을 유지하는 것은 믿음의 기도에 관계된 또 하나의 중요한 필수요소입니다.

신약 성경에 나온 "고백"은 문자적으로 다른 사람과 동의하여 똑같은 말을 한다는 그리스어인 "호모로기아homologia"에서 나왔습니다. 그러므로 당신이 당신이나 당신의 상황에 대한 하나님의 말씀에 동의를 하고 하나님의 말씀을 말하는 것입니다.

성경은 사람이 마음으로 믿어 의에 이르고 그의 입으로 시인하여 구원에 이른다고 말씀하고 있습니다(롬 10:10). 이 말은 당신이 구원받았다고 말할 때까지는 당신은 구원의 유익을 누릴 수 없다는 말입니다. 믿을 때 당신은 하나님께 의로운 자가 되지만 구원의 유익인 형통, 신성한 건강, 보호, 호의를 가져오는 것은 당신의 고백입니다.

믿음의 기도로 당신이 요구할 때 당신이 당면한 문제에 대한 하나님의 말씀에 동의하고 계속해서 말하는 고백을 활용하는 것을 결코 잊지 마십시오. 말은 능력이 있습니다. 말은 당신의 생각을 담는 수단입니다. 말은 당신의 몸과 환경과 당신의 삶 전체에 영향을 끼칠 수 있습니다. 뿐만 아니라 하나님의 자녀로서 당신의 입에서 나오는 말은 단순한 말이 아니라 영원한 하나님의 말씀에 근거한 영감 받은 진리입니다.

제 2 장

당신이 할 것을 알고 행하십시오

당신에게 하나님께 무엇을 믿고 그대로 되게 하는 능력이 없다면 하나님께서는 그렇게 하라고 말씀하시지 않았을 것입니다. 하나님은 당신이 할 수 없는 것을 결코 하라고 하시지 않습니다.

우리가 믿음의 기도로 요구할 때 우리가 어떤 역할을 할지 아는 것은 매우 중요합니다. 흔히 하나님께서 우리에게 요구하시는 순종의 행동이 있습니다. 많은 사람들이 이것을 모르고 있기 때문에 그들은 기도 이외에 필요한 것들을 하지 않습니다. 결국 그들에게는 왜 그들이 기대하던 것이 이루어지지 않았는지 이유들만 남아 있게 됩니다. 그러나 당신이 기도함으로써 하나님의 영과 일치되어 있다면, 그분은 당신의 역할이 무엇인지 보여줄 것이며, 당신은 자신의 역할을 감당하기 위해 열심을 낼 것입니다.

그리스도께서 믿음의 말씀으로 어떤 사람을 섬길 때는 늘 요구하시는 것이 있었습니다.

수 5:13-14

여호수아가 여리고에 가까이 이르렀을 때에 눈을 들어 본즉 한 사람이 칼을 빼어 손에 들고 마주 서 있는지라 여호수아가 나아가서 그에게 묻되 너는 우리를 위하느냐 우리의 적들을 위하느냐 하니 그가 이르되 아니라 나는 여호와의 군대 대장으로 지금 왔느니라 하는지라 여호수아가 얼굴을 땅에 대고 엎드려 절하고 그에게 이르되 내 주여 종에게 무슨 말씀을 하려 하시나이까

여기서 자신을 여호와의 군대 대장이라고 지칭한 분은 성령님이십니다. 여리고 성 앞에서 이 성을 점령하려면 어떻게 해야 가장 잘 할 수 있을지 고심하며 서 있는 여호수아에게 성령님은 무엇을 할지 말해주려고 오셨습니다. 여리고는 약속의 땅의 일부였고 하나님은 여호수아에게 이렇게 말씀하셨습니다. "…보라 내가 여리고와 그 왕과 용사들을 네 손에 넘겨 주었으니"(수 6:2)

그분은 "내가 …을 줄 것이다."라고 말씀하지 않으시고, "내가 …을 주었다."라고 하신 것을 주목하십시오. 이것은 약속이 아닙니다. 이것은 하나님의 입에서 나온 사실을 진술한 것입니다. 하

나님께서 여리고를 이스라엘 사람들에게 주셨음에도 불구하고 그들이 이르렀을 때 그 도시는 여전히 거대한 성벽들로 둘러싸여 있었다는 것은 아주 놀라운 일입니다. 그 성벽들은 너무나 거대해서 이스라엘 자손들은 측량조차 할 수 없었습니다. 설사 측량할 수 있다 하더라도 여리고 군인들은 앉아 있는 오리를 손으로 잡듯이 집어들 수 있는 그런 위치에 있었습니다. 주님께서 그들에게 준 땅에 들어가서 차지하는 것은 이스라엘 사람들에게는 불가능해 보였습니다. 그러나 탁월한 전략가이신 성령님께서 여호수아에게 여리고를 정복하려면 어떻게 해야 하는지를 말씀해 주시려고 거기 계셨습니다.

수 6:3-5

너희 모든 군사는 그 성을 둘러 성 주위를 매일 한 번씩 돌되 엿새 동안을 그리하라 제사장 일곱은 일곱 양각 나팔을 잡고 언약궤 앞에서 나아갈 것이요 일곱째 날에는 그 성을 일곱 번 돌며 그 제사장들은 나팔을 불 것이며 제사장들이 양각 나팔을 길게 불어 그 나팔 소리가 너희에게 들릴 때에는 백성은 다 큰 소리로 외쳐 부를 것이라 그리하면 그 성벽이 무너져 내리리니 백성은 각기 앞으로 올라갈지니라 하시매"

여호수아에게 주어진 전략은 분명히 이상하지만 초자연적이었습니다. 왜냐하면 어떤 사람도 단지 나팔 소리와 사람들의 함성으로만 성벽들을 무너뜨린다는 것은 생각할 수 없었습니다.

그러나 여호수아와 이스라엘 군사들은 성령님의 지시대로 행동하였기 때문에 기적적으로 그 성벽들은 무너져 내렸습니다.

단지 성령님께서 그들에게 무어라고 하시는지를 모르기 때문에 많은 그리스도인들이 누리지 못한 하나님의 약속들과 이루어지지 않은 예언들이 있다는 것은 슬픈 일입니다.

주님께서 여호수아에게 "내가 여리고와 그 왕과 용사들을 네 손에 넘겨 주었다"라고 말씀했을 때, 여호수아는 "와우, 하나님 감사합니다. 여리고는 제 것이네요!"라고 소리치고 나서 자러 갈 수 있었어야 했습니다. 다음 날 일어나서 여전히 도전적으로 눈앞에 서 있는 성벽을 보고서 하나님께서 그 땅을 내 손에 주었다고 말씀하셨는데 왜 내게 약속하신 것을 이루어 주시지 않으셨을까 의아해 할 수도 있었을 것입니다.

이는 마치 이렇게 말하는 사람과 똑같습니다. "하나님께서 그 직장이 내 것이라고 말씀하셨다고 나는 생각했습니다. 그래서 내가 갔더니 그들은 취업 통지서를 내게 주지 않았습니다. 사실 그들은 나를 쫓아내 버렸습니다!"

당신은 그렇게 살 필요가 없습니다. 당신이 어떤 문제에 대한 성령님의 인도를 따를 자세를 하고 있는 한 당신은 담대하게 믿음으로 하나님의 말씀을 선포하고 당신이 원하는 것을 얻을 수 있습니다. 당신이 원하는 것을 소유하기 위해서 어떤 전략들을 사용해야 하는지 알기 위해서 당신은 성령님과 교제를 해야 합니다.

하나님으로부터 듣기

고후 13:13
주 예수 그리스도의 은혜와 하나님의 사랑과 성령의 교통하심이 너희 무리와 함께 있을지어다 아멘

"교제communion"는 성령님과의 동역자 관계partnership, 소통 communication, 교제fellowship를 의미합니다. 즉 당신이 성령님께 말을 하고 그분이 당신에게 말하는 것을 듣는 것을 의미합니다. 이것이 그분께서 당신이 무엇을 하기 원하는지를 아는 방법입니다. 비전을 소유하거나 당신이 원하는 것을 선언하는 것으로는 충분하지 않습니다. 당신은 그 비전을 실제로 이루기 위해서 무엇을 해야 하는지 바른 과정을 알아야 시작하고 행할 수 있습니다.

우리의 필요를 가지고 항상 하나님께 부르짖는 것은 우리를 향한 하나님의 생각이 아닙니다. 대부분의 경우 하나님을 향한 우리의 부르짖음이나 하소연은 불필요한 것들입니다. 왜냐하면

하나님께서는 우리의 인생에서 어떤 변화를 원하든지 그 변화를 일으키는 능력을 우리에게 이미 주셨기 때문입니다.

바울은 에베소서 1:17-18에서 이렇게 기도했습니다.

엡 1:17-18
우리 주 예수 그리스도의 하나님, 영광의 아버지께서 지혜와 계시의 영을 너희에게 주사 하나님을 알게 하시고 너희 마음의 눈을 밝히사 그의 부르심의 소망이 무엇이며 성도 안에서 그 기업의 영광의 풍성함이 무엇이며

하나님께서 당신에게 거저 주신 엄청난 공급에 대해 당신이 잘 알게 된다면, 당신의 기도 언어가 달라질 뿐 아니라 하나님께서 당신에게 주신 기업을 누리기 위해서 당신이 취해야 하는 필요한 일들이 무엇인지 이해하기 시작합니다. 당신은 "주여 내게 주시옵소서"라는 식의 기도를 그치고, 결코 흔들리지 않는 하나님의 말씀에 의지하고 행동하여 놀라운 결과를 얻게 될 것입니다. 당신은 모든 것이 당신 것이며, 모든 것이 실제로 가능하다는 것을 의심의 여지없이 알게 될 것입니다.

제 3 장

간구의 기도 (Ⅰ)

문자적으로 간구petition는 법적인 요구를 공식적인 문서로 기록한 청원서를 의미합니다. 청원자는 자신의 청원을 받는 사람을 확신시킬 수 있도록 법적인 지침에 따라서 요구를 해야 합니다. 간구는 또한 엄숙한 탄원entreaty 즉 간청supplication, 권위에 호소하는 간청appealing, 어떤 것을 구하며 어떤 사람에게 진지하고 겸손하게 애원하는 것appeal이라고 정의할 수 있습니다.

간구의 기도는 아주 심각한 것입니다. 즉 간구는 아주 높은 강도를 수반하는 진지한 요구를 의미합니다. 그렇지만 간구의 효과나 효력은 꼭 길이와 관계 있는 것은 아닙니다. 몇 분의 간구의 기도를 통해서도 당신은 당신의 세계에 크게 영향을 미칠 수 있고, 환경을 바꿀 수 있습니다.

딤전 2:1

그러므로 내가 첫째로 권하노니 모든 사람을 위하여 간구와 기도와 도고와 감사를 하되

여기서 간구란 간청 혹은 청원을 의미합니다. 다른 말로 하면, 사도 바울은 디모데에게 그의 기도에 있어서 간구를 우선적으로 하라고 지시하고 있습니다.

하나님의 뜻을 따라 기도하기

간구에 관하여 말하고 있는 또 하나의 성경 구절은 요한일서 5:14-15입니다.

요일 5:14-15

그를 향하여 우리가 가진 바 담대함이 이것이니 그의 뜻대로 무엇을 구하면 들으심이라 우리가 무엇이든지 구하는 바를 들으시는 줄을 안즉 우리가 그에게 구한 그것을 얻은 줄을 또한 아느니라

하나님의 뜻을 따라 기도하는 것은 간구의 기도에서 성공하는 열쇠가 되는 요소이므로 우리는 "하나님의 뜻에 따라 구한다"는

말을 정확하게 이해하는 것이 중요합니다.

주로 성경을 오해함으로 말미암아, 많은 그리스도인들이 기도에 응답을 받지 못하는 이유가 그들을 위한 하나님의 뜻에 맞지 않게 기도했기 때문이라고 믿어 왔습니다. 하나님께서 그들이 구한 것을 그들이 갖기를 원하지 않으시기 때문이라고 믿는 것입니다. 그러나 이런 생각은 기도에 대한 하나님의 말씀을 잘못 해석한 것입니다. 성경 말씀을 다시 보겠습니다.

요일 5:14-15
그를 향하여 우리가 가진 바 담대함이 이것이니 그의 뜻대로 무엇을 구하면 들으심이라 우리가 무엇이든지 구하는 바를 들으시는 줄을 안즉 우리가 그에게 구한 그것을 얻은 줄을 또한 아느니라

하나님의 뜻에 따라 기도하지 않았기 때문에 기도가 응답되지 않았다고 잘못 생각하는 사람들은 이 구절에서 성령님께서 강조하는 것이 그들의 요구가 하나님의 뜻에 일치해야 한다는 것이 아니라 하나님께서 들으시는 고유한 특권이라는 것을 이해하지 못하고 있습니다. 더구나 하나님의 뜻을 따라 구하라고 하시면서 하나님은 우리가 "무엇을" 구할 것인가가 아니라, 우리가 "어떻게" 구할 것인가를 말씀하고 있습니다. 다른 말로 하면 우리의 간구를

제시하는 방법과 관례가 하나님께서 정하신 모형과 일치해야 한다는 것입니다. 그러므로 아버지께 구하기 위해서 아버지의 뜻을 따라 우리가 어떻게 구해야 하는지를 아는 것이 중요합니다.

요 16:23-24, 26
그 날에는 너희가 아무 것도 내게 묻지 아니하리라 내가 진실로 진실로 너희에게 이르노니 너희가 무엇이든지 아버지께 구하는 것을 내 이름으로 주시리라 지금까지는 너희가 내 이름으로 아무 것도 구하지 아니하였으나 구하라 그리하면 받으리니 너희 기쁨이 충만하리라 … 그 날에 너희가 내 이름으로 구할 것이요 내가 너희를 위하여 아버지께 구하겠다 하는 말이 아니니…

여기서 예수님은 독점적인 거래 즉 하나님께 구할 때 받아들여지는 새로운 방법을 소개하셨습니다. 당신이 예수 이름으로 아버지께 요구할 때, 당신은 실제로 예수님을 대신하여 기능하고 있는 것입니다. 이는 마치 예수님께서 그 요구를 하시는 것과 같습니다.

어떤 종교적인 사람들은 아버지께 직접 기도하는 것을 신성모독 정도로 생각합니다. 그들은 오히려 마리아나 사도나 어떤 "성인들" 같은 중재자들을 의지하기 원합니다. 또 어떤 사람들은 그들의 최고 목표는 예수님과 교통하는 것이며, 예수님께서 하나님께 그들을 위해서 간구를 하시는 것을 생각합니다. 그렇지만 이것이야말로 예수님께서 하지 않으시겠다고 하신 바로 그것입니다. "그 날에 너희가 내 이름으로 구할 것이요 내가 너희를 위하여 아버지께 구하겠다 하는 말이 아니니 이는 너희가 나를 사랑하고 또 내가 하나님께로부터 온 줄 믿었으므로 아버지께서 친히 너희를 사랑하심이라"(요 16:26-27)

아버지께서는 당신을 위해 무엇을 행하시거나, 당신이 구하는 것을 주시기 전에 아버지께 그것을 간구할 사람을 필요로 하지 않으십니다. 하나님은 당신을 무조건 사랑하십니다! 아버지께서 원하는 것은 오직 당신이 그분의 뜻대로 구하는 것 즉 예수 이름으로 구하는 것이며 예수 이름은 바로 당신의 것입니다. 그러므로 구하는 것에 있어서 그분의 뜻은 예수 이름으로 구하는 것입니다.

(예수 이름으로 구하는 것에 대한 더 자세한 가르침은 저의 책 『올바른 방식으로 기도하기』믿음의말씀사, 2011를 참고하십시오).

진지하고, 가슴에서 우러나오는, 끈질긴 기도

약 5:15 (확대번역)
진지하고(가슴에서 우러나오고, 끈질긴) 의인의 기도는 엄청난 능력(폭발적인 역사)이 풀려나게 합니다
The earnest (heartfelt, continued) prayer of a righteous man makes tremendous power available [dynamic in its working]

간구의 기도는 진지하고, 가슴에서 우러나오고, 지속됩니다. 어떤 그리스도인들은 기도할 때 진지함을 이해하지 못하기 때문에 진지함의 유익을 놓쳐버립니다. 진지하다는 것은 목적이 구체적이고 의도적이라는 말입니다. 즉 깊은 감동과 확신이 있으며 열정적이고 뜨거운 것입니다.

그러므로 **진지한 기도는 목적이 구체적이고, 열정과 뜨거움이 가득하고, 깊은 감동과 확신이 있는 기도입니다.** 기도할 때 가슴에 감동이 있고 감정이 실리는 기도입니다. 뿐만 아니라 단호한 태도로 변함없는 입장을 유지하면서 끈질기게 지속하는 기도입니다. 이런 기도는 엄청난 능력을 풀어 놓게 되며 그 역사가 아주 역동적인데 문자 그대로 다이너마이트 같은 힘이 있습니다.

엘리야의 간구 기도

엘리야는 하나님께 간구의 기도를 하여 응답을 얻은 성경의 모델이 되는 사람입니다. 성경은 그가 "우리와 성정이 같은 사람이로되"라고 말하고 있습니다(약 5:17). 엘리야는 그리스도 안에서 우리가 가지고 있는 고유한 하나님의 본성을 가지고 있지는 않았기 때문에 영적으로 우리와 똑같지는 않았지만 그는 우리와 같은 사람이었습니다. 그가 살고 있던 시대의 자연적인 조건들은 우리가 살고 있는 시대와 같았습니다. 그는 우리가 당면하고 있는 것과 똑같은 압력을 받으며 우리와 같은 성향과 감정과 기질을 가지고 있었습니다. 그러나 그는 비가 오지 않도록 진지하게 기도하여서 삼 년 반 동안 땅에 비가 내리지 않았습니다! 그가 다시 기도하자 하늘이 비를 내려서 땅이 소산물을 내게 되었습니다.

> 약 5:17-18
> 엘리야는 우리와 성정이 같은 사람이로되 그가 비가 오지 않기를 간절히 기도한즉 삼 년 육 개월 동안 땅에 비가 오지 아니하고 다시 기도하니 하늘이 비를 주고 땅이 열매를 맺었느니라

열왕기상 17장에서 이 부분만 따로 읽으면 어떻게 이 일이 일어났는지 정확한 사정을 잘 모를 수도 있습니다. 여기 그 이야기가 있습니다.

> 왕상 17:1
> 길르앗에 우거하는 자 중에 디셉 사람 엘리야가 아합에게 말하되 내가 섬기는 이스라엘의 하나님 여호와께서 살아 계심을 두고 맹세하노니 내 말이 없으면 수 년 동안 비도 이슬도 있지 아니하리라 하니라

이 기록은 엘리야가 어느 날 아합 왕에게 가서 "내 말이 없으면 수 년 동안 비도 이슬도 있지 아니하리라 하니라"라고 말하고 왕궁에서 뛰어 나온 것 같은 인상을 줍니다. 그가 믿음의 말을 한 것은 맞습니다. 엘리야가 믿음으로 말한 것은 사실이지만 신약 성경의 야고보서의 기록에 따르면 그가 한 이 믿음의 말의 배경이 있습니다.

약 5:17
엘리야는 우리와 성정이 같은 사람이로되 그가 비가 오지 않기를 간절히 기도한즉 삼 년 육 개월 동안 땅에 비가 오지 아니하고

이 말을 하러 아합에게 가기 전에, 엘리야는 그의 방에서 하나님께 말씀을 드렸습니다. 이것이 믿음을 공개적으로 선포하기 전에 우리가 반드시 배워야 할 부분입니다. 그는 개인적으로 먼저 하나님으로부터 들었습니다. 다른 말로 하면 **공개적으로 믿음으로 선포하기 전에 먼저 주님과 사적인 거래가 있어야 한다는 것입니다.** 이것은 너무나 중요하지만 아쉽게도 많은 그리스도인들이 모르고 있는 것입니다. 여기서 우리는 담대하게 믿음의 선언을 함으로써 온 이스라엘과 그 왕을 떨게 하는 엘리야를 봅니다. 그러나 그는 진지하게 기도했었습니다.

여기에서 야고보는 엘리야의 공개적인 믿음의 선포에 대해서는 말을 하지 않고 단지 그가 비가 오지 않도록 간절히 기도했더니 하나님께서 들으시고 삼 년 반 동안 비가 오지 않았다는 것만 우리에게 말하고 있습니다. 그리고 나서 그가 다시 비가 오도록 진지하게 기도했더니 하나님께서 들으시고 그의 요구를 들어 주었습니다.

왕상 18:1
많은 날이 지나고 제삼년에 여호와의 말씀이 엘리야에게 임하여 이르시되 너는 가서 아합에게 보이라 내가 비를 지면에 내리리라

이 부분만 따로 떼어서 보면 엘리야가 어떤 곳에서 잘 놀고 있는데 하나님께서 "이봐, 엘리야! 내가 비를 내리고 싶다! 아합에게 가서 비가 올 것이라고 말해라."라고 말한 것처럼 생각하기 쉽습니다.

그러나 야고보는 엘리야가 비가 오도록 기도를 했다는 것을 우리가 알도록 해 주었습니다. 열왕기상 18:1은 엘리야의 기도에 대한 하나님의 응답이었습니다. 하나님께서 이미 "내가 비를 내리겠다."라고 말씀하셨기 때문에 엘리야가 아합에게 나타나자마자 비가 내리기 시작했다고 생각할 수도 있습니다. 그러나 그렇게 된 것이 아니었습니다!

변화가 올 때까지 계속 기도하십시오

성경은 엘리야의 기도를 진지하고, 가슴에서 우러나오는, "끈질긴" 기도라고 묘사했습니다. 그의 간구에는 끈기가 있었습니다.

끈질기게 기도하지 않고 우리가 너무 일찍 끝내므로 지는 전쟁이 많습니다. 우리는 많은 경우 아주 어려워질 때까지 기다리다가 할 수 없이 기도합니다. 그러나 이런 경우 우리는 겁에 질려서 아무 비상 단추나 마구 눌러보기도 하고, 빨리 응답받으려고 금식하며 기도하기 시작합니다. 우리는 모든 것이 빨리 일어나는 시대에 살고 있기 때문에 제트기 시대의 증상이 우리의 기도에 당연히 있어야 할 생기를 없애버립니다. 우리는 빠른 음식, 빠른 차, 빠른 비행기, 빠른 컴퓨터와 같이 모든 것이 우리가 원하는 만큼 빠르기를 바라기 때문에 하나님도 빨리 응답하시기를 바랍니다. 우리는 어떤 단추든지 눌러서 빠른 해답을 얻기 원하지만 기도는 그렇게 응답받는 것이 아닙니다.

엘리야는 이보다는 더 잘 알고 있었습니다. 그는 땅 바닥에 엎드려서 무릎 사이에 머리를 넣고 변화가 있을 때까지 깊은 감정에 빠져서 진지하게 끈질긴 기도를 했습니다(왕상 18:42). 엘리야와는 달리 오늘날 어떤 그리스도인들은 간구의 기도가 요구하는 시간과 노력을 기꺼이 드리지 않습니다.

당신이 학생이라면 내일 아침 시험이 있는데 기도를 계속할 수는 없습니다. 당신은 시험 날짜를 알고 있었으므로 기도하고 준비할 시간이 있었습니다. 이제 시험 전날이 되어서 당신은 갑작스레 기도할 필요성을 깨달았습니다.

아내가 출산하는 데 어려움을 겪고 있는 남자를 생각해 보십시오. 아내는 중환자실로 옮겨지려고 하고 있습니다. 그는 "비상 기도"에 그와 함께 할 기도 용사들을 미친 듯이 찾고 있습니다. 그의 아내가 간이침대 위에서 수술실로 이동되고 있는 동안 그도 함께 하나님의 비상 동으로 달려가고 있습니다. 그는 즉시 기도 응답 받기를 원하지만 사실 그는 아홉 달이나 기도할 시간이 있었습니다!

이것이 오늘날 교회 안에 있는 많은 사람들의 문제입니다. 믿음을 배우는 것이 많은 사람들로 하여금 효과적인 기도의 필수적인 것들로부터 멀어지는 결과를 초래한 것처럼 보입니다. 그래서 이제 그들은 마땅히 해야 할 만큼 기다리고 머물러 있기를 즐겨하지 않습니다. 그러나 그리스도 안에서 모든 일에 승리하는 삶을 살기 위해서는 당신은 양쪽 모두에서 영적으로 기민하게 움직여야 합니다. 당신의 믿음에 더해서 당신의 영에 승리의 신호가 잡힐 때까지 끈질기게 기도하는 단호함과 기꺼이 기도하려는 의지가 있어야 합니다.

언제 간구의 기도가 필요할까요?

간구는 당신이 개인적으로 어떻게 할 수 없는 상황, 즉 환경이 지배하거나 당신이 어쩔 수 없는 힘의 영향 아래 있는 경우에 필요합니다.

예를 들면, 당신이 야외 활동을 하려고 정해 놓은 날짜에 비가 오지 않기를 바랄 수도 있습니다. 당신이 살고 있는 지역의 농부는 당연히 비가 오기를 바라고 있는데 당신이 비가 오지 않도록 하려는 것은 당신의 관할권 밖의 이야기입니다. 이런 경우는 당신의 간구의 기도가 필요합니다. 당신은 단지 믿음의 말씀을 말하는 것 이상의 행동을 해야 합니다. 이 경우는 진지하고 가슴에서 우러나오는 끈질긴 기도가 필요합니다. 만일 당신이 사업을 하다가 법정 소송을 하게 된 경우나, 정부와 관계된 문제 혹은 당신의 능력 밖의 딱한 처지에 처한 경우나, 실속이 없는 상황 가운데 빠져 있다면 당신은 간구의 기도를 할 필요가 있습니다. 그 외에도 당신이 개인적으로 통제할 수 없는 능력 밖의 어떤 것을 원하거나 변화를 원한다면, 당신은 간구의 기도를 해야만 합니다.

제 4 장

간구의 기도 (Ⅱ)

이사야 43:26은 이렇게 말씀하고 있습니다.

너는 나에게 기억이 나게 하라 우리가 함께 변론하자 너는 말하여 네가 의로움을 나타내라

하나님이 잘 잊어버리기 때문에 이렇게 말씀하셨을까요? 물론 아닙니다! 이 말씀은 당신의 요구를 간청하기 위해서 강력한 이유와 논증을 하도록 초청하는 것입니다. 당신이 당면한 것에 대하여, 사실에 대한 진술과 약속들과 하나님께서 선언하신 것들을 당신은 제시할 수 있어야 합니다.

호세아 14:2에서 성경은 이렇게 말씀하고 있습니다. "너는 말

씀을 가지고 여호와께로 돌아와서 아뢰기를 모든 불의를 제거하시고 선한 바를 받으소서 우리가 수송아지를 대신하여 입술의 열매를 주께 드리리이다." 이렇게 하나님께서는 당신이 그분의 말씀을 기억나게 하기를 원하십니다.

아래의 성경구절은 간구 기도의 좋은 예입니다. 베드로와 요한이 예수의 이름으로 많은 기적들을 행하기 시작하자, 그 당시 권세자들은 그들의 믿음의 효과를 부인할 수 없어서 예수에 대하여 더 이상 전하지 말라고 그들을 위협하였습니다!

행 4:24-31

그들이 듣고 한마음으로 하나님께 소리를 높여 이르되 대주재여 천지와 바다와 그 가운데 만물을 지은 이시요 또 주의 종 우리 조상 다윗의 입을 통하여 성령으로 말씀하시기를 어찌하여 열방이 분노하며 족속들이 허사를 경영하였는고 세상의 군왕들이 나서며 관리들이 함께 모여 주와 그의 그리스도를 대적하도다 하신 이로소이다 과연 헤롯과 본디오 빌라도는 이방인과 이스라엘 백성과 합세하여 하나님께서 기름 부으신 거룩한 종 예수를 거슬러 하나님의 권능과 뜻대로 이루려고 예정하신 그것을 행하려고 이 성에 모였나이다 주여 이제도 그들의 위협함을 굽어보시옵고 또 종들로 하여금 담대히 하나님의 말씀을 전하게 하여 주시오며 손을 내밀어 병을 낫게 하시옵고 표적과 기사가 거룩한 종 예수의 이름으로 이루어지게 하옵소서 하더라 빌기를 다하매 모인 곳이 진동하더니 무리가 다 성령이 충만하여 담대히 하나님의 말씀을 전하니라

이 기도 내용은 분명히 하나님의 말씀에 근거하고 있습니다. 사도들은 하나님의 말씀을 가지고 하나님께 기억나게 하면서 함께 자신들의 일을 간구하였습니다. 그들은 말씀에 근거하여 구체적으로 말씀드렸는데, 당신도 기도로 간구하려면 이렇게 해야 합니다.

혹시 당신이 자신이나 사랑하는 사람의 삶에서 어떤 변화를 보기 원한다면, 무엇보다도 먼저 당신은 하나님의 말씀에 근거하여 하나님께 당신의 주장을 강력하게 뒷받침할 이유를 제시해야 합니다. 이렇게 기도하는 것은 변할 수 없는 그분의 확실한 말씀에 굳게 서는 것입니다. 다시 말해서 당신이 기도하는 것에 대한 하나님의 마음을 이해하게 되면 이런 이해는 당신이 하는 간구의 기도에 대한 권위와 확신을 갖게 해 줍니다. 선지자 사무엘의 어머니 한나는 자신의 기적을 얻기 위해 이렇게 기도했습니다.

한나는 자신의 강력한 이유들을 제시했습니다

한나는 엘가나와 결혼한 지 수년이 지났지만 자녀가 없었습니다. 반대로 엘가나의 다른 아내인 브닌나는 여러 자녀가 있었고

한나의 불임을 가지고 그녀를 자주 괴롭혔습니다. 이것 때문에 그녀는 슬퍼하였고 항상 아이를 달라고 기도하였습니다. 그러나 어느 날 그녀는 울기에 지쳐서 마음에 다짐을 하였습니다.

그녀는 주님의 집에 들어가서 하나님 앞에 얼굴을 숙이고 자신의 문제를 꺼냈습니다. 그녀가 하나님께 조용히 기도했기 때문에 그녀의 기도는 거의 들리지 않았습니다. 성전 일을 하고 있던 대제사장마저도 그녀를 오해하여 그녀가 술이 취했다고 생각했습니다. 그는 "네가 언제까지 취하여 있겠느냐?"라며 그녀를 꾸짖었습니다. "포도주를 끊으라"(삼상 1:14) 그러나 한나는 이렇게 대답했습니다. "내 주여 그렇지 아니하니이다 나는 마음이 슬픈 여자라 포도주나 독주를 마신 것이 아니요 여호와 앞에 내 심정을 통한 것뿐이오니 당신의 여종을 악한 여자로 여기지 마옵소서 내가 지금까지 말한 것은 나의 원통함과 격분됨이 많기 때문이니이다"(삼상 1:15-16)

많은 사람들은 한나가 하나님께 그저 서원을 하였다고 생각했지만 그녀는 그 이상을 하였습니다. 그녀는 자신이 왜 자녀를 가져야 하는지 강력한 이유들을 하나님께 제시하면서 실제로 간구를 했습니다.

삼상 1:17-20

엘리가 대답하여 이르되 평안히 가라 이스라엘의 하나님이 네가 기도하여 구한 것을 허락하시기를 원하노라 하니 이르되 당신의 여종이 당신께 은혜 입기를 원하나이다 하고 가서 먹고 얼굴에 다시는 근심 빛이 없더라 그들이 아침에 일찍이 일어나 여호와 앞에 경배하고 돌아가 라마의 자기 집에 이르니라 엘가나가 그의 아내 한나와 동침하매 여호와께서 그를 생각하신지라 한나가 임신하고 때가 이르매 아들을 낳아 사무엘이라 이름하였으니 이는 내가 여호와께 그를 구하였다 함이더라

당신이 간구의 기도를 할 때는 당신의 간구를 거절할 수 없도록 당신의 요청을 강력히 제시해야 합니다. 뿐만 아니라 당신이 승리의 신호를 볼 때까지 결코 포기하기를 거절하십시오.

당신의 기도실이 법정이 되게 하십시오!

간구의 기도는 강력한 목적과 끈질김으로 해야만 합니다. 당신은 "아니다"를 응답으로 받아들이지 않습니다! 처음 기도할 때 승리의 신호가 없으면, 이는 단지 "휴정" 상태에 들어간 것뿐입니다. 고소인이 판결에 불만을 가지고 상급 법원으로 가는 것과 똑같이 당신은 이 문제를 다시 기도할 수 있습니다. 당신의 기도실은 당신의 사건을 청원하는 법정이 됩니다. 당신이 승리했다는 것을 알게 되면 세상의 어떤 것도 그것을 당신에게서 빼앗을 수 없습니다.

예언만 듣고 거기서 멈추지 마십시오!

왕상 18:41

엘리야가 아합에게 이르되 올라가서 먹고 마시소서 큰 비 소리가 있나이다

나는 엘리야와 똑같이 기름부음 받은 말씀은 들었지만 엘리야와 똑같은 행동은 하지 않는 사람들을 보아왔습니다. 그들이 받은 예언이 성취되지 않으면 그런 사람들은 예언이 어떻게 된 것인지 의심을 합니다. 예언이 성취되지 않은 이유는 그들이 예언에 따른 행동으로 뒷받침하지 않았기 때문입니다.

엘리야가 큰 비를 예언하기만 하고 멈춘 것이 아니라 더 한 일이 있었는데 그것은 기도였습니다!

아합 왕이 먹고 마시려고 올라갔을 때 엘리야는 왕과 함께 잔치에 참여하지 않았습니다. 그 대신 그는 기도하려고 갈멜 산꼭대기에 올라갔습니다. 그가 받은 예언적인 말씀이 큰 비가 있을 것이란 확신을 그에게 주었지만 엘리야는 기도하러 갔습니다. 하늘이 닫혀 비가 오지 않게 한 것은 하나님이 하신 것이 아니었기 때문에 하나님은 언제 비를 다시 오게 하실지 책임이 없었음을 기억하십시오. 하늘이 닫히도록 기도한 사람은 엘리야였으며 이제 그는 하늘을 열기 위해 똑같은 강도로 기도를 해야만 했습니다.

많은 그리스도인들은 예언적인 말씀을 가지고 계속 기도하는 대신에 예언만을 듣고 기도는 하지 않는 실수를 자주합니다. 너무나도 많은 경우에 사람들은 원하는 것이 곧 이루어질 가까운 지점에 있는 상태인데도 어찌된 일인지 얻지 못하고 있습니다. 그래서 계약에 입찰을 해 놓고도 낙찰이 되지 않습니다. 그러면 그는 무슨 일이 일어났는지 궁금해 합니다. 맞습니다. 그는 큰 비의 소리는 바로 들었지만 바른 기도로 뒷받침을 하지 않았습니다. 여기서 많은 사람들의 꿈은 깨어져 사생아가 되어 버립니다.

간구의 기도는 강력한 기름부음을 동반합니다

왕상 18:43
그의 사환에게 이르되 올라가 바다쪽을 바라보라 그가 올라가 바라보고 말하되 아무것도 없나이다 이르되 일곱 번까지 다시 가라

구름이 있는지 알아보라고 엘리야는 사환을 일곱 번이나 내보냈습니다. 당신은 빠른 순서로 들락날락 일곱 번 확인한 것이 아님을 알아야 합니다. 사환이 돌아올 때마다 엘리야는 여전히 기도하고 있었으며, 엘리야는 그저 고개를 들고 하늘을 보고는

사환에게 "가서, 다시 확인해 봐라."라고 말할 뿐이었습니다. 이렇게 일곱 번이므로 며칠은 아니라도 대여섯 시간은 더 흘러갔을 것입니다.

왕상 18:44-46

일곱 번째 이르러서는 그가 말하되 바다에서 사람의 손 만한 작은 구름이 일어나나이다 이르되 올라가 아합에게 말하기를 비에 막히지 아니하도록 마차를 갖추고 내려가소서 하라 하니라 조금 후에 구름과 바람이 일어나서 하늘이 캄캄해지며 큰 비가 내리는지라 아합이 마차를 타고 이스르엘로 가니 여호와의 능력이 엘리야에게 임하매 그가 허리를 동이고 이스르엘로 들어가는 곳까지 아합 앞에서 달려갔더라

엘리야는 그 땅에서는 가장 좋고 가장 빨랐을 아합 왕의 병거보다 빨리 달렸습니다. 하나님의 손이 그와 함께 하였기 때문에 엘리야는 그렇게 달릴 수 있었습니다. 당신도 엘리야처럼 기도한다면 하나님의 영의 기름부음이 강력하게 당신 위에 임할 것이며 당신은 어떤 것도 할 수 있고 무엇이든지 바꿀 수 있습니다. 할렐루야!

하나님은 성령 안에서 변화를 일으키는 능력을 우리에게 주셨기 때문에 우리는 간구의 기도를 통해서 무한한 영향력을 발

휘할 수 있습니다. 이런 기도로 사람은 자신의 범죄로 인해 정부에서 사형 선고를 받고도 그것도 뒤집을 수 있으며, 불치병으로 인한 시한부 판결도 뒤집을 수 있습니다. 이런 기도는 감옥에 갇혀 있는 당신의 사랑하는 사람도 나오게 할 수 있습니다. 그렇습니다. 당신에게 불리한 어떤 판결도 당신은 무효화시킬 수 있습니다. 의인으로서 진지하게 가슴에서 우러나오는 끈질긴 기도를 통해 당신이 할 수 없거나 바꿀 수 없는 것은 어떤 것도 존재하지 않습니다. 당신이 어떤 문제든지 말씀에 근거한 강력한 이유를 제시하며 주님 앞에 내놓는다면 당신은 이 문제를 닭이 알을 품듯 품게 될 것이며 반드시 당신에게 호의적인 변화가 따를 것입니다.

제 5 장

영으로 기도하기

영으로with the Spirit 기도한다는 것은 방언으로 기도하는 것을 의미하는데, 방언 기도는 믿는 자들에게 매우 중요한 기도입니다. 어떤 사람들은 이에 의문을 제기하기도 하는데 사실은 이 기도에 관하여 잘 모르기 때문입니다. 그들은 "정말로 모두 다 방언으로 기도를 꼭 해야 합니까?"라고 질문하고, "모든 그리스도인들이 방언으로 기도해야 합니까?"라고 묻기도 합니다. 대개 질문과 논쟁은 방언으로 기도하지 않는 사람들에게서 나옵니다. 방언 기도를 하는 사람들 중에서 방언이라는 영이 나타나는 현상에 대해서 의문을 제기하는 사람은 거의 없습니다. 마가복음 16:17에서 주 예수님께서 말씀하셨습니다. "믿는 자들에게는 이런 표적이 따르리니 곧 그들이 내 이름으로 귀신을 쫓아내며 새 방언을 말하며"

"믿는 자들"은 거듭난 그리스도인들을 일컫는 말입니다. 그러므로 당신이 그리스도 안에 있는 믿는 자라면 당신은 방언을 말해야 합니다.

방언으로 말하고 기도하는 것에 반대하는 주장을 펴는 많은 사람들은 그 중요성을 알지 못합니다. 그들은 이 영적인 운동이 가져다주는 넘치는 유익에 대해서 모르고 있습니다. 그럼 이제부터 방언으로 기도하는 것의 영광스러운 유익에 대해서 알아봅시다.

방언으로 기도하는 것은
새롭게 하고 소생하게 합니다

사 28:11-12
그러므로 더듬는 입술과 다른 방언으로 그가 이 백성에게 말씀하시리라 전에 그들에게 이르시기를 이것이 너희 안식이요 이것이 너희 상쾌함이니 너희는 곤비한 자에게 안식을 주라 하셨으나 그들이 듣지 아니하였으므로

이사야서의 이 예언은 방언을 말하는 것과 관계가 있으므로 우리가 왜 방언으로 기도해야 하는지 이해하는 데 도움이 됩니다. 바울도 "방언을in an unknown tougue; 알지 못하는 말로 말하는 자는 자

기의 덕을 세우고…"라고 말하므로 똑같은 것을 강조했습니다. 다른 말로 하면 방언을 말하는 것은 자신을 충전하고charge up, 세우며build up, 정비하고overhaul, 새롭게refresh 합니다.

어떤 그리스도인들은 그리스도께 자신을 처음 드렸을 때처럼 더 이상 흥분되지 않고 영감도 없으며 복음을 전하는 데에도 동기가 부여되지 않는 자신을 갑자기 발견합니다. 이렇게 되어서는 안 됩니다. 당신은 항상 성령의 일에는 흥분되고 동기가 부여되어야 하는데 이렇게 지속적으로 성령의 기름을 공급받고 가슴에 영혼을 구원하는 불이 타오르도록 하는 방법은 다른 방언으로 기도하는 것입니다. 방언으로 열정적으로 기도하면 당신의 영에 있는 불이 하나님의 영광을 위하여 불타오르게 됩니다.

하나님의 일에 자신을 고무시키는 것은 모호한 것이 아니며 또한 모호한 것이 되어서도 안 됩니다. 그분은 그분의 말씀을 통해서 이미 "방법"을 보여 주셨습니다. 그러므로 "오 주님, 내게 부흥을 주소서!"라고 기도하는 것은 아무 소용이 없습니다. 당신은 방언으로 기도를 할 때 부흥을 경험하기 때문입니다. 이것이 비밀입니다. 그러므로 자신의 시간을 내어서 다른 방언으로 기도하십시오. 당신은 이렇게 함으로써 자신의 영을 세우고 새롭게 하며 아름답게 합니다.

다른 방언으로 기도하는 것은
성령이 인도하시게 합니다

그리스도인들에게 영으로 혹은 영 안에서 기도하는 것 즉 방언으로 기도하면서 시간을 보내는 것은 매우 중요합니다. 성경은 "무릇 하나님의 영으로 인도함을 받는 사람은 곧 하나님의 아들이라"고 말하고 있습니다. 성령의 인도는 사도들이나 선지자들이나 복음 전하는 자들이나 목사들이나 교사들만 경험하는 것이 아니라 모든 하나님의 자녀들을 위한 것입니다. 우리는 모두 끊임없이 성령의 인도를 받으며 우리의 인생을 살아야만 합니다. 하나님의 자녀들은 어둠 속에 있거나 어찌할 바를 알지 못하는 반갑지 않은 황당한 상황에 처해서는 안 됩니다. 방언으로 기도할 때가 우리에게는 우리의 삶에 대한 하나님의 안내와 성령님의 지시를 받는 적절한 순간입니다.

요 16:13
그러나 진리의 성령이 오시면 그가 너희를 모든 진리 가운데로 인도하시리니 그가 스스로 말하지 않고 오직 들은 것을 말하며 장래 일을 너희에게 알리시리라

다른 방언으로 기도하면 당신의 영적인 눈이 열려 성경을 더

높은 계시의 빛으로 이해하게 됩니다. 내게는 매일 경험하는 일상입니다. 가끔 사람들은 내게 자신들이 읽고도 분명하게 이해하지 못했던 어떤 성경 구절들에 대해서 어떻게 그런 해석을 하게 되었느냐고 묻습니다. 나는 항상 성령님 때문이라고 말합니다. 방언기도를 하면 마음의 눈 즉 이해의 눈이 밝아지고 성령님이 하시는 일에 더 민감해집니다.

방언 기도는 우리에게 하늘나라의 언어를 공급합니다

하나님께서 우리에게 주신 가장 아름답고 영감을 주는 선물들 중에 하나는 성령님에 의해 우리 안에 만들어진 영적인 언어를 통해 하나님과 직접 소통을 할 수 있는 능력입니다. 우리는 하나님의 비밀을 말함으로써 이 초자연적인 표현을 통하여 운명을 바꾸게 됩니다.

사람은 영이지만 육체적으로는 영의 영역에 살고 있지 않다는 것을 기억하십시오. 사람은 땅에 살면서 물질적인 세상과 관계를 맺고 있습니다. 그런데 우리는 우리가 배운 땅의 언어로는 소통하거나 표현할 수 없는 것들이 있습니다. 그래서 하나님께서는 방언을 말하는 하나님의 능력을 우리에게 부여함으로써 우리가 하나님과 소통할 수 있는 바른 언어(단어)를 가질 수 있도록 하셨습니다. 아직 말을 유창하게 할 수 없는 어린 아이와는 교제를 할 수 없습니다. 함께 놀아주고 게임은 즐길 수 있겠지만 쌍방향 소통이 되지 않으므로 진정한 교제는 가질 수 없는 것입니다.

고전 14:2
방언을 말하는 자는 사람에게 하지 아니하고 하나님께 하나니
이는 알아 듣는 자가 없고 영으로 비밀을 말함이라

당신이 방언을 말하면 하나님께 말하고 있기 때문에 아무도 당신이 말하는 것을 알아듣지 못합니다. 방언은 당신의 영과 하나님과 직접 소통하는 것입니다. 당신은 오직 하나님만이 이해하는 언어를 말하고 있는 것입니다.

우리 자신을 하나님께 적절하고 정확하게 표현할 수 있는 인간의 단어가 충분하지 않다는 것을 우리는 깨달아야 합니다. 당신이 얼마나 많은 땅 위의 언어들을 말할 수 있는지와 무관하게 당신은 여전히 하나님께 자신을 표현할 단어가 충분하지 않을 것입니다. 왜냐하면 세상의 모든 언어들로도 표현할 수 없는 것들이 있기 때문입니다. 그러므로 그리스도인이 방언으로 말하며 기도하는 것은 절대적으로 필요한 것입니다.

뿐만 아니라 우리가 사람의 말로 하나님께 말을 하면 때때로

우리는 하나님께서 받아들일 수 없는 말을 하지만, 이것을 알고 계시는 성령님께서는 우리자신을 표현할 수 있는 언어를 우리에게 주십니다. 이 언어로 말을 하면 우리가 하는 모든 말은 분명하게 하나님께 전달되고, 또 양방향 의사소통이 되어 우리는 하나님께 말씀을 드리고 하나님은 우리의 영을 통하여 대답하십니다.

그래서 그리스도인은 반드시 성령으로 충만함을 받아야 합니다. 성령님은 우리가 땅의 표현을 넘어 아버지와 분명하게 소통할 수 있는 언어를 우리에게 주어서 말할 수 있도록 하는 분입니다. 방언은 거룩한 하늘의 언어입니다.

방언으로 기도하는 것은
하나님의 뜻을 드러내도록 합니다

많은 사람들이 하나님의 뜻을 알 수 있는지 궁금해 합니다. 윌리엄 카우퍼William Cowper가 한 유행가의 가사를 인용하기까지 하면서 어떤 사람들은 "이적을 행하시는 하나님은 신비한 방법으로 역사하신다."라고 말합니다. 하나님은 물론 신비하지도 않고 신비한 방법으로 역사하지도 않으므로 분명히 그들은 문맥과 무관하게 인용하고 있는 것입니다. 하나님께서는 자신과 자신의 뜻을 우선적으로 그분의 기록된 말씀을 통해서 우리에게 나타내셨습니다. 그러나 우리는 또한 방언으로 기도함으로써 하나님의 뜻을 알 수 있습니다. 성령님은 하나님의 말씀에서 제공하고 있는 것 밖으로는 결코 당신을 인도하지 않을 것입니다. 영으로 기도할 때 성령님은 중요한 것들에 관한 하나님의 지식을 당신에게 전해 주십니다. 예수님께서 하신 이 말씀을 기억하십시오. "진리의 성령이 오시면 그가 너희를 모든 진리 가운데로 인도하시리니 그가 스스로 말하지 않고 오직 들은 것을 말하며 장래 일을 너희에게 알리시리라"(요 16:13)

당신이 영으로 기도하면 당신의 마음은 당신이 말하는 것의 의미를 알지 못하지만 성령님은 그 기도를 당신이 이해할 수 있도록 통역해서 전달할 수 있습니다.

나는 가끔 기도할 때 내가 기도하고 있는 것에 대한 일종의 대답과 같이 어떤 말을 방언으로 말합니다. 많은 경우에 이런 말들은 내가 한 질문에 대한 대답이거나 문제에 대한 해결책으로 성령님께서 주신 말씀입니다. 그것은 당신이 당면한 상황을 다루는 데 필요한 지혜를 나타냅니다. 이런 말을 당신이 그냥 지나쳐버리지 않고 실천하는 것은 매우 중요합니다. 그러므로 성경은 우리가 알지 못하는 방언으로 기도할 때는 그 방언을 통역할 것을 하나님께 구하라고 했는데 대개는 당신의 청원에 대한 답이 거기 있습니다.

고전 14:13-15

그러므로 방언을 말하는 자는 통역하기를 기도할지니 내가 만일 방언으로 기도하면 나의 영이 기도하거니와 나의 마음은 열매를 맺지 못하리라 그러면 어떻게 할까 내가 영으로 기도하고 또 마음으로 기도하며 내가 영으로 찬송하고 또 마음으로 찬송하리라

통역이 당신의 영에 오거든 당신은 일종의 비밀을 배우게 됩니다. 성경은 하나님의 비밀은 하나님을 경외하는 사람들에게 있다고 말씀하고 있습니다(시 25:14). 통역을 받게 되면 당신은 하나님의 깊은 실재에 좀 더 가까이 있는 자신을 발견하게 될 것입니다. 당신은 영적인 사람들을 위해서 간직해 둔 지혜의 몸 안으로 들어오도록 허락을 받은 것입니다. 때때로 당신은 이런 계시들을 부분적으로 받기 시작할지도 모르지만 당신은 하나님께서 당신이 무엇을 하기 원하시는지 분명한 아이디어를 가지게 될 것입니다.

이와 같이 방언으로 기도하는 것은 우리가 우리 인생을 향한 하나님의 뜻을 알고 확립하도록 도와주며, 우리가 우리의 환경의 상황들이 하나님의 계획과 목적에 일치하도록 변화시킬 수 있도록 해 줍니다.

방언으로 기도하면
하나님의 아이디어가 떠오르게 합니다

　당신의 삶에서, 가족, 사역, 직장, 사업, 재정, 학업 같은 분야에서 어떤 변화를 원하는데 조짐이 보이지 않을 때가 가끔 있을 것입니다. 이때 영으로 충분히 기도한다면 당신의 영을 통하여 성령님이 주시는 아이디어나 해답을 당신은 받게 됩니다. 그 아이디어들이 비록 방언으로 주어진다하더라도 똑같은 하나님의 영은 당신이 이해하고 실천할 수 있도록 도와주실 수 있습니다.
　인생의 중대한 결정을 해야 하는 갈림길에 처했을 때 어찌할 바를 몰라 다른 사람에게 물으러 다니지 않아도 됩니다. 당신이 잘못된 사람을 찾아가게 되면 오히려 당신은 더욱 혼란스러워질 수도 있습니다.
　어떤 사람들은 구약시대에 사람들이 그랬던 것처럼 우리도 응답을 받기 위해서는 오랫동안 기다려야 한다고 생각합니다. 그렇지만 우리는 새로운 시대에 살고 있습니다. 우리가 살고 있는 시대에는 당신의 기도에 응답하시는 분이 당신 안에 살고 있습니다. 다른 방언으로 기도하면 당신은 당면한 문제에 대한 해답을 말하게 될 것입니다.
　이렇게 해서 나는 내가 조직한 첫 번째 전도 집회에 대한 인도를 받았습니다. 당시 나는 방언기도의 통역에 관해서는 알고는 있었지만 실제로 경험한 적은 없었습니다. 그 전도 집회를 앞두고 기도하던 중에 나는 방언으로 기도하기 시작했습니다. 내가 방언으로 함으로써 주님께서 주시는 메시지를 말하고 있다는 것을 나는 알았습니다. 그래서 나는 이렇게 선언했습니다. "주 예수님! 주님께서 다른 방언으로 제게 뭐라고 말씀하고 계시다는 것은 알겠습니다. 그런데 여기는 아무도 방언으로 주시는 메시지를 통역할 사람이 없습니다. 그러므로 주님, 주님께서 말씀하시는 것을 나는 알아야만 하기 때문에 지금 나는 방언 통역의 은사를 받습니다."

갑자기 기름부음이 내게 임하고 나는 성령이 하시는 말씀을 영어로 통역하기 시작했습니다. 그때 나는 주님께서 그 전도 집회를 위해 해야 할 어떤 것들에 관해서 지시하시는 것들을 알게 되었습니다. 즉시 나는 지시대로 받아 적은 다음 그대로 하여 우리는 탁월한 전도 집회를 하게 되었습니다. 그 후로 이 영적 훈련은 내가 매일 그리스도인으로서 살아가는 데 일부가 되었으며 이로 인해 나는 엄청난 복을 경험하고 있습니다.

하나님의 영은 당신에게 말씀하시고 언제나 하나님의 아이디어를 당신에게 알려 주려고 하십니다. 하나님으로부터 듣고 하나님의 지혜를 깨닫고 탁월한 전략을 갖는 방법 중에 하나가 방언으로 기도하는 것입니다.

흐름 안에 들어가서 빛남을 유지하십시오

사도행전 1:8에서 예수님은 이렇게 말씀하셨습니다. "오직 성령이 너희에게 임하시면 너희가 권능을 받고…" 여기서 권능이라고 번역된 단어는 재생산할 수 있는 능력을 의미하는 "두나미스dunamis"라는 단어를 번역한 것입니다. 전력을 만들어 내는 기계 장치인 발전기dynamo란 이름도 여기서 유래한 것입니다. 다른 방언으로 기도하는 것의 또 다른 유익은 당신이 성령으로 충만하도록 하여서 당신이 영적인 빛남을 유지하도록 도와주는 것입니다.

예전 구약시대에는 다윗이 시편 85:6에서 말하는 것과 같이 그들은 항상 부흥이 필요했습니다. "주께서 우리를 다시 살리사 revive 주의 백성이 주를 기뻐하도록 하지 아니하시겠나이까?" 그러나 거듭난 그리스도인들로서 우리는 부흥이 필요하지 않기 때문에 부흥을 구할 필요가 없습니다. 실제로 성경을 자세히 보면 사도들 중에는 아무도 부흥을 구한 사람이 없습니다. 그들은 구약의 사람들이 가지고 있지 않았던 독특한 복을 받았습니다. 그것은 바로 성령님께서 내주하게 된 은혜와 그들 안에 있는 하나님의 신적인 능력이 역사하도록 북돋울 능력을 가지고 있었습니다.

제 6 장

합의 기도

하나님께서는 우리가 땅에서 변화를 일으킬 수 있는 몇 가지 방법을 우리에게 주셨는데 그중에 하나는 합의 기도The Prayer of Agreement입니다.

마태복음 18:19에서 예수님은 이렇게 말씀하셨습니다. "진실로 다시 너희에게 이르노니 너희 중의 두 사람이 땅에서 합심하여 무엇이든지 구하면 하늘에 계신 내 아버지께서 그들을 위하여 이루게 하시리라." 이 말씀은 주님께서 직접 하신 말씀이므로 진리임에 틀림없습니다.

마 16:19

내가 천국 열쇠를 네게 주리니 네가 땅에서 무엇이든지 매면

하늘에서도 매일 것이요 네가 땅에서 무엇이든지 풀면 하늘에
서도 풀리리라 하시고

성경에서 "열쇠"는 권세, 법, 원칙을 말합니다. 여기서 예수님은 당신이 땅에서 마귀를 매면 하늘에서도 마귀가 매인다는 의미로 말씀하고 있는 것이 아닙니다. 마귀는 하늘에서 활동하지 않고 있으며 하나님도 하늘에서는 마귀를 맬 필요가 없습니다! 당신이 땅에서 무엇을 맨다는 것은 단지 당신의 선포가 하나님의 말씀에서 약속하고 있는 것이기 때문에 하나님에 의해서 보장된다는 의미입니다. 굿 뉴스 성경Today's English Version은 이렇게 번역하고 있습니다. "당신이 땅에서 금지한 것prohibit은 하늘에서도 금지될 것이며, 땅에서 네가 허락한 것permit은 하늘에서도 허락될 것이다." 주님께 영광을 돌립니다!

합의 기도에 필요한 조건들

마 18:19
진실로 다시 너희에게 이르노니 너희 중의 두 사람이 땅에서 합심하여 무엇이든지 구하면 하늘에 계신 내 아버지께서 그들을 위하여 이루게 하시리라

예수님께서 하신 이 말씀에는 합의 기도에 필요한 조건들이 나타나 있습니다.

1. 합의 기도를 할 사람이 땅 위에 있어야 한다.
2. 최소한 두 사람이 있어야 한다.
3. 그들은 의견이 일치해야 한다.
4. 그들은 분명한 요구 사항을 구해야 한다.

대부분이 기도할 때 하나님께 애걸하는 쪽으로 기도하기 때문에 많은 그리스도인들은 합의 기도의 능력을 사용해야 합니다. 우리가 명령하고 선언할 수 있는 것은 하나님의 말씀을 통해서 우리의 요구는 하늘이 보장한다고 우리에게 확신을 주고 있기 때문입니다. 성경에서 하나님께서 하신 말씀을 기억하십시오! "하나님은 사람이 아니시니 거짓말을 하지 않으시고 인생이 아니시니 후회가 없으시도다 어찌 그 말씀하신 바를 행하지 않으시며 하신 말씀을 실행하지 않으시랴."(민 23:19) 하나님은 자신의 말씀을 취소하지 않으십니다. 하나님은 자신의 말씀을 행동으로 보장할 충분한 능력이 있으십니다.

합의 기도가 어떻게 역사하는지 성경에 놀라운 기록이 있습니다. 헤롯이 교회를 핍박하며 야고보를 죽였습니다. 이 일을 사람들이 기뻐하는 것을 보고 그는 야고보처럼 베드로 죽일 생각으로 베드로를 잡으려고 하였습니다. 그러나 야고보의 죽음으로 말미암아 교회는 교훈을 배웠는데 똑같은 일이 베드로에게는 일어나지 않도록 한 것이었습니다.

행 12:4-5
잡으매 옥에 가두어 군인 넷씩인 네 패에게 맡겨 지키고 유월절 후에 백성 앞에 끌어 내고자 하더라 이에 베드로는 옥에 갇혔고 교회는 그를 위하여 간절히 하나님께 기도하더라

그 초대 교회 성도들은 베드로의 상황에 대하여 하나님의 말씀을 선포하였음에 틀림없습니다. 그들은 모여서 함께 손을 잡고서 베드로가 풀려 나오도록 예수의 이름으로 특별한 선포를 하는 것을 나는 상상할 수 있습니다. "오 하나님, 베드로를 불쌍히 여겨 주세요. 제발 그를 구출해 주세요!"라고 부르짖을 수는 없었습니다. 그들이 이렇게 기도했더라면 대대로 교회에 영감을 주었던 이런 영광스런 간증을 우리는 가질 수 없었을 것입니다!

예수님께서 이미 어떻게 기도해야 하는지를 가르쳐 주셨기 때문에 그들은 하나님께 어떻게 해 달라고 구하지 않았습니다. 예수님께서는 말을 많이 해야만 듣는다고 생각하는 이방인들과 같은 헛된 반복을 하지 말라고 가르치셨습니다. 그래서 이 신자들은 단순하게 예수 이름으로 담대하게 선포하였으며 그들의

말대로 이루어졌습니다.

우리의 기도도 이래야 합니다. 그리스도인들이 서로 방문하면 이런 기도를 더 많이 하나님께 드려야 합니다. 어떤 신자들은 함께 모여서 하는 말이라고는 세상에 얼마나 악한 일이 일어나고 있으며 얼마나 상황이 더 악화되고 있는지에 대해서만 말합니다. 우리가 함께 모여서 손을 맞잡고 주님의 이름으로 변화될 것을 요구만 한다면 우리가 사는 세상은 훨씬 좋아질 것입니다! 이것이 바로 그리스도인들이 해야 할 일입니다!

베드로는 사형 선고가 머리 위에 내려지고, 군인들이 지키는 가운데 차꼬를 차고 감옥에 갇혀 있었습니다. 그러나 교회는 잠자고 있을 수 없었고, 베드로가 자고 있는 동안 그들은 함께 모여 베드로가 석방되도록 철야기도회를 열었습니다! 베드로를 위해 기도했던 사람들 중에도 어떤 사람들은 의심을 했음에도 불구하고 하나님께서는 여전히 응답하셨습니다. 왜냐하면 합의 기도에 있어서는 합의한 사람들 중에 한두 명이 의심을 한다고 해도 그 합의는 무효화되지 않기 때문입니다. 사도행전 12장에 있는 이야기에서 좀 더 볼 수 있습니다.

행 12:13-16

베드로가 대문을 두드린대 로데라 하는 여자 아이가 영접하러 나왔다가 베드로의 음성인 줄 알고 기뻐하여 문을 미처 열지 못하고 달려 들어가 말하되 베드로가 대문 밖에 섰더라 하니 그들이 말하되 네가 미쳤다 하나 여자 아이는 힘써 말하되 참말이라 하니 그들이 말하되 그러면 그의 천사라 하더라 베드로가 문 두드리기를 그치지 아니하니 그들이 문을 열어 베드로를 보고 놀라는지라

베드로의 석방을 위한 기도는 응답받았습니다. 하나님께서 그의 천사를 보내어 헤롯의 가장 최고 보안 시설의 감옥으로부터 그를 해방시키셨습니다(행 12:7-12). 로데는 대문에 나가 베드로의 목소리를 듣고는 너무 흥분한 나머지 문 열어주는 것도 잊어버리고 다른 사람들에게 그 기쁜 소식을 전해 주려고 뛰어 들어 왔습니다.

"여러분, 기도회는 끝났습니다. 이제는 찬양할 시간입니다."라고 그녀는 말했습니다. "베드로 사도가 문 앞에 있습니다!"

어떤 사람들은 그 이야기를 듣자마자 그녀가 미쳤다고 말했습니다. 다른 사람들은 헤롯이 이미 베드로를 죽여서 그의 영을 보았음에 틀림없다고 생각했습니다. 베드로가 계속 대문을 두드려서 마침내 용기를 내어 문을 열었을 때, 성경은 "그들은 놀랐다!"고 말하고 있습니다. 그러나 이 사람들이 바로 베드로의 석방을 위해 기도하고 있었던 바로 그 사람들이었습니다. 베드로는 바로 문밖에 서 있었고, 그들은 그가 진짜 베드로인지 그의

영인지 의아해하고 있었습니다.

중요한 것은 우리의 요구에 대한 우리의 합의입니다. 믿음의 기도는 당신이 마음에 조금도 의심을 하지 않아야 하는 것이지만, 합의 기도는 그런 철저한 조건을 필요로 하지 않는다는 것을 기억하십시오. 기본 요건은 기도할 때 참석한 사람들이 합의하는 것입니다. 나중에 어떤 사람들의 마음에 의심이 든다고 해도 그 합의는 의심하면서 한 것이 아니기 때문에 당신의 요구는 무효화되지 않습니다. 이와 같이 합의 기도는 한 쪽이 의심하였다고 해서 간단히 취소될 수 없습니다. 왜냐하면 요구가 무효화되려면 모든 당사자가 함께 모여 그 요구를 취소해야 하기 때문입니다.

많은 경우 사람들은 기도에 합의는 하지만 이런 규칙들을 모르기 때문에 한 쪽이 의심을 하게 되면 그가 그 합의를 취소해 버린 것이라고 생각합니다. 그러나 취소한 것이 아닙니다. 두 사람이 합의를 했었다면, 그것을 취소하려면 두 사람이 합의해야 합니다. 그렇지 않으면 그 합의는 취소될 수 없습니다.

합의 기도는 하나의 선언입니다

합의의 원리는 어떤 필요를 공급하기 위해서 요구하기 위해 두 사람이나 그 이상의 그리스도인들이 함께 모이는 것만을 일컫는 것이 아닙니다. 욥기에서 볼 수 있는 바와 마찬가지로, 합의 기도는 기도 자체가 선언을 포함하여 어떤 것을 분명히 설명하는 그런 기도입니다. "네가 무엇을 결정하면 이루어질 것이요 네 길에 빛이 비치리라"(욥 22:28)

합의 기도는 어떤 일을 해 달라고 애걸하는 것이 아니라, 권위 있게 어떤 것을 선언하는 것입니다. 이것은 성경에 근거하여 교회가 복음 사역을 수행하는 방식입니다. 이렇게 우리는 땅에서 하나님의 뜻을 실행합니다. 우리는 우리가 알고 있는 아버지의 뜻에 근거하여 어떻게 일이 되어져야 마땅한지 함께 모여 합의하고 선언합니다.

예를 들면 사역을 하도록 사람을 세우려고 안수할 때, 이는 단순히 그들을 축복하는 것뿐만 아니라, 이러한 성별은 합의에 근거하여 그들의 삶과 하나님께서 하실 일을 통하여 위대한 일들이 수행되도록 길을 열고 그러한 것들을 세우는 것입니다.

교회는 많은 하나님의 사람들이 아직 모르고 있는 너무나 많은 능력을 가지고 있습니다. 그렇기 때문에 어떤 그리스도인들은 아직도 아무런 능력도 없는 보통 사람들처럼 행동하고 있습니다. 그러나 실제로 당신은 당신이 무엇을 원하든지 이룰 수 있는 차고 넘치는 초자연적인 기도의 능력을 가지고 있습니다.

우리가 합심할 때 못할 일은 아무것도 없습니다

마 18:19
진실로 다시 너희에게 이르노니 너희 중의 두 사람이 땅에서 합심하여 무엇이든지 구하면 하늘에 계신 내 아버지께서 그들을 위하여 이루게 하시리라

예수님은 우리 중에 두 사람이 땅에서 합심하여 무엇이든지 구하면 아버지께서 이루어 주신다고 말씀하셨습니다. "무엇이든지"라는 단어를 생각해 보십시오. "한계가 없다"는 의미입니다. 주님을 찬양합니다!

교회는 그리스도의 몸이며 우리는 그리스도를 나타내며 오늘 이 땅에서 그분의 일을 수행하고 있습니다. 우리는 그리스도의 대사들입니다.

예수님께서는 믿는 자들에는 모든 것이 가능하다고 말씀하셨으며 당신은 믿는 자들 중에 하나입니다. 그러므로 합의 기도를 통해 당신은 무엇이든지 할 수 있으며, 예수 그리스도의 이름으로 기적들이 일어나도록 할 수 있습니다.

한번은 주일날 저녁 제 사무실에 우리 교회 성도 한 분이 매우 슬픈 얼굴로 나를 만나러 오셨습니다. 나는 그녀에게 앉으라고 하고 무슨 문제로 왔는지 물었습니다. 그녀는 어떻게 비자 신청

을 했으며 비자를 얻는 것이 얼마나 어려운지를 말했습니다. 대사관에서는 그녀의 여동생의 비자는 발급해 주고 자기 비자는 거부했다고 했습니다. 자신이 당한 고통스런 일들을 말하면서 그녀는 울기 시작했지만, 나는 웃기 시작했습니다.

나는 그녀에게 이렇게 말했습니다. "예수님께서 우리들 중에 두 사람이 땅에서 무엇이든지 합심하여 구하면 우리를 위하여 이루게 하신다고 하신 말씀을 기억하고 있습니까?"

나는 우리가 합의한다면 우리는 거절당할 수 없고 우리가 원하는 것을 무엇이든지 가질 수 있다는 것을 그녀에게 알려주었습니다.

나는 그녀와 함께 이렇게 간단한 합의 기도를 드렸습니다. "아버지, 그녀가 비자를 받게 하심을 주 예수 그리스도의 이름으로 감사드립니다. 아무도 막을 수 없습니다."

나는 그녀에게 대사관에 가면 그녀의 비자를 받게 될 것이라고 말해 주었습니다. 대사관에 돌아가서 그녀는 우리가 기도하며 합의했던 대로 비자를 받았습니다. 이것이 바로 합의 기도의 능력입니다!

제 7 장

중보 기도

　성령님은 신자들을 통하여 수행하는 중보의 사역을 가지고 있습니다. 그러나 이것과는 아주 다른 신자들의 중보 사역도 있습니다.
　성령님은 당신을 통하여 그분의 중보 사역을 수행하십니다. 주님은 성령님의 인도를 통해서 당신에게 어떤 사람을 위해 기도하거나 어떤 사람을 섬기라고 말씀하실 수도 있습니다. 때로는 당신이 개인적인 문제를 기도하는데 갑자기 하나님의 영은 당신이 기도하려고 생각도 하지 않았던 사람을 위해 중보 하도록 당신 안에게 촉구하기도 합니다.
　그러나 다른 사람들을 위해서 기도하는 데는 이런 촉구를 항상 기다리지 않아도 됩니다. 하나님의 자녀로서 당신은 다른 사람들을 위하여 중보 할 책임이 있습니다. 성령님께서 꼭 당신이 기도하도록 촉구하지 않아도 당신은 기도하기로 결단할 수 있습니다. 하나님의 말씀을 따라 당신이 이렇게 다른 사람들을 위해 기도하면, 성령님께서 당신에게 할 말을 주시는 것과 마찬가지로 그 기도는 하나님께서 들으실 것입니다. 이는 마치 성령님께서 그 특별한 일을 직접 하시는 것과 같습니다.

중보 기도를 통해서 하나님께서는 우리의 세상에 큰 영향력을 미치도록 기회와 능력과 영감을 우리에게 주십니다. 삶을 바꾸려는 목적을 가지고 하나님께서는 이 특별한 시대에 우리를 이 땅에 두셨습니다.

에 4:14
이 때에 네가 만일 잠잠하여 말이 없으면 유다인은 다른 데로 말미암아 놓임과 구원을 얻으려니와 너와 네 아버지 집은 멸망하리라 네가 왕후의 자리를 얻은 것이 이 때를 위함이 아닌지 누가 알겠느냐 하니

다른 사람들을 위해 중보 기도하는 것은 제사장으로서의 당신의 사역이라는 것을 인정하십시오. 이런 직분은 언제나 복이 됩니다. 기도를 통해서 우리는 정부와 나라에 악한 영향력을 끼치려 하는 사탄의 세력을 제어합니다. 옛날에 드보라와 바락을 위해 그랬던 것처럼 그들은 하늘에서부터 싸웠으며, 그들의 진로에

있는 별들도 그들의 적과 대항하여 싸워, 환경이 하나님의 백성을 위한 하나님의 계획과 목적에 호의적이 되었습니다.

중보 기도를 위한 원칙

1. 중보는 언제나 남을 위한 것이므로 자신을 위해서 중보하지는 않습니다.
2. 똑같은 것을 변화가 올 때까지 반복해서 계속 기도할 수 있습니다.

중보 기도를 할 때 당신의 목표는 그 사람이 하나님의 뜻과 일치하도록 그를 위해서 기도로 승리하는 것입니다. 당신은 하나님의 능력이 그 사람에게 유익하도록 그 사람을 향하여 영향력을 집중하는 것이므로 기도에 끈질김이 필요합니다. 당신이 영으로 승리의 신호를 감지하고 당신이 구하던 것을 얻었다는 것을 확신할 때까지 필요한 기도를 계속하는 것을 의미하므로 당신은 기도를 멈추지 않아야 합니다!

중보는 신성한 책임입니다 Divine Responsibility

하나님의 자녀로서 당신이 다른 사람들을 위해 중보 기도를 하는 것은 개인적인 사역입니다. 당신이 그들을 위해 기도만 한다면 너무나 많은 것들은 변화됩니다. 중보 기도에 관해서 특별히 당신이 알아야 할 세 가지가 있습니다.

1. 기도는 주님과 관계를 유지하는 위대한 방법으로서 기도는 특권입니다.
2. 기도는 하나님께서 우리에게 주신 명령이며 신성한 책임입니다.

바울은 디모데에게 보낸 그의 편지에서 이것을 이렇게 표현했습니다. "그러므로 내가 첫째로 권하노니 모든 사람을 위하여 간구와 기도와 도고와 감사를 하되"(딤전 2:1)

3. 기도는 훈련입니다.

훈련이기 때문에 당신이 기도할 기분이 들지 않더라도 기도해야 하는 이유입니다.

중보 기도는 불신자를 위해서만 하는 것이 아니라 동료 신자들을 위한 것이기도 합니다. 사무엘은 이스라엘 사람과 교통할 때 이렇게까지 말했습니다. "나는 너희를 위하여 기도하기를 쉬는 죄를 여호와 앞에 결단코 범하지 아니하고 선하고 의로운 길을 너희에게 가르칠 것인즉"(삼상 12:23)

요한도 똑같은 것으로 우리를 권면했습니다. "누구든지 형제가 사망에 이르지 아니하는 죄 범하는 것을 보거든 구하라 그리하면 사망에 이르지 아니하는 범죄자들을 위하여 그에게 생명을

주시리라 사망에 이르는 죄가 있으니 이에 관하여 나는 구하라 하지 않노라"(요일 5:16)

기도로 수고하는 것

골 4:12
그리스도 예수의 종인 너희에게서 온 에바브라가 너희에게 문안하느니라 그가 항상 너희를 위하여 애써 기도하여 너희로 하나님의 모든 뜻 가운데서 완전하고 확신 있게 서기를 구하나니

에바브라는 골로새에 있는 교회들을 위해서 열정적인 기도를 하며 수고를 했습니다. 이것이 중보입니다. 그냥 가볍게 "아버지, 쟈니Johnny를 위해 기도합니다. 쟈니를 축복하시고 그의 기도에 응답해 주세요. 그가 하나님께 원하는 것은 무엇이든지 허락해 주세요."라고 기도하는 쉬운 기도를 말하는 것이 아닙니다.

바울은 성령의 감동을 따라 기도하며 고통스러워하는 것에 대해서 말하고 있습니다. 이런 기도는 귀신들과 싸우는 것은 아니지만, 싸움을 하듯이 씨름하는 것입니다. 이런 기도는 당신의 육신을 대항하는 싸움입니다. 그래서 바울은 이런 종류의 기도에는 수고가 따른다는 것을 우리에게 알려줍니다. 즐거운 일은 아니지만 당신은 스스로 이렇게 기도하도록 훈련을 하는 것입니다.

어떤 사람들은 기도할 기분이 날 때나 성령님께서 기도하도록 촉구하실 때에만 기도해야 한다고 생각합니다. 그러나 그런 말을 하는 사람도 때때로 자신이 일하러 갈 기분이 내키지 않아도 매일 출근할 것입니다. 그들은 직장 생활에 관한 한 옳은 것을 하도록 자신을 그렇게 훈련했던 것입니다.

이것이 바로 그리스도인들에게 특히 중보 기도를 하는 데 꼭 필요한 것입니다. 중보 기도는 평생의 일이므로 기도하는 것이 신나지 않아도 당신은 당연히 해야만 합니다. 당신이 목표를 가지고 있고 환경이 바뀌도록 기도로 승리하기를 원한다면 당신은 반드시 기도 생활에 있어서 훈련되어 있어야 합니다. 처음에는 매우 재미있지 않을지라도 당신은 자신을 전적으로 기도에 몰입시켜야 합니다. 당신의 영으로부터 자신을 흔들어서 하나님께 반응하십시오. 당신이 계속 이렇게 한다면 마침내 기도가 자신의 일부가 될 것입니다.

무디어지지 마십시오!

당신은 삶의 여러 분야에 하나님의 말씀을 성공적으로 사용하고 있지만, 어떤 사람들은 하나님의 복을 실재로 체험하지 못하고 있으므로, 하나님께서는 당신이 그런 사람들을 도와주기를 원하십니다. 이것이 중보 기도를 하는 이유입니다. 고통받고 있는 사람들이 많은데 당신이 그들의 고통에 무심하다면 그들을 위해 기도하도록 감동을 받을 수 없을 것입니다.

어떤 그리스도인들은 매우 무디어져 있습니다. 가난한 사람들의 곤경, 아픈 사람들과 억울한 사람들의 삶과 같은 불신자의 상태가 가슴 아프게 여겨지지 않습니다. 그들은 이렇게 말합니다. "하나님의 말씀을 받아들이지 않으니까 그런 것입니다." 그들은 너무나 냉담하기 때문에 성령님을 통해 사람들을 위해 기도하도록 감동을 좀처럼 받지 않습니다. 그렇지만 성경은 주 예수님께서는 우리의 연약함을 느끼시며 감동을 받으셨다고 말하고 있습니다. "우리에게 있는 대제사장은 우리의 연약함을 동정하지 못하실 이가 아니요 모든 일에 우리와 똑같이 시험을 받으신 이로되 죄는 없으시니라."(히 4:15)

그러므로 기도는 때때로 우리 심령에 성령님이 주시는 인상이나 다른 사람의 상황이 우리의 심령에 남기는 인상으로 말미암아 변화가 일어나도록 하기 위해서 그런 인상에 반응하는 것입니다.

나는 지진아로서 아동 관절염을 앓았던 한 젊은 자매의 간증을 기억하고 있습니다. 그녀는 대부분의 시간을 휠체어에 앉아 보내며 휠체어에 의지해서만 움직일 수 있었습니다. 이 악한 질병은 점점 그녀의 몸을 굳게 만들어서 그녀가 마음대로 움직일 수 있는 부분은 목뿐이었습니다. 그녀는 치유 집회에 참석하여 예배 중에 병에서 고침 받도록 울면서 주님을 불렀습니다. 어떤 사람들은 그녀를 보고는 그녀를 위해 기도하기 시작했습니다. 그들이 그녀를 위해 중보 기도를 하는 동안 그녀는 곁에 있는 여자에게 자신은 일어나고 싶다고 말했습니다. 그녀의 팔과 다리는 매우 무겁고 고통스러웠지만 그녀는 주변에 있는 사람들의 부축을 받아 겨우 일어섰습니다. 그들이 그녀에게 팔다리를 한번 움직여 보라고 격려하자 그녀는 믿음에 영감을 얻어서 처음 몇 발자국을 시도했습니다. 회중들은 그것을 보고 매우 흥분하여 그녀를 위해 계속 기도함으로써 그녀를 격려했습니다. 그녀의 믿음은 강해졌으며 그녀는 더 힘있게 걸음을 시도했습니다. 얼마 지나지 않아서 그녀는 실내를 한 바퀴 뛰어서 돌았습니다.

그들은 불쌍히 여기는 마음이 아니라 예수님의 동정심에 의해 감동을 받아 그녀를 위해 중보 기도를 했습니다. 다른 사람들을 위해 중보 기도하는 것을 배운다면 우리가 할 수 있는 일과 일으킬 수 있는 변화는 너무나 많습니다.

당신 안에 있는 중보 기도자를 계발하십시오

당신은 스스로 효과적인 중보 기도자가 될 수 있도록 훈련할 수 있으며 그렇게 함으로써 기도하며 시간을 보내는 데 자신을 훈련할 수 있습니다. 고등학교 때 나는 잘 달리지 못했습니다. 육상에 자신이 없어서 나는 연례 체육대회 동안 내가 참여할 수 있는 다른 것을 생각해 보았습니다. 그래서 나는 빨리 달리기는 잘 하지만 오래 달리기는 잘 못하는 사람들이 있으면, 반대로 오래 달리기는 잘하지만 빨리 달리기는 잘 못하는 사람들이 있을 것이라고 생각하게 되었습니다.

그래서 나는 두 번째 그룹에 해당되므로 한 친구와 함께 장거리 달리기 훈련을 시작했습니다. 우리는 800미터 경주를 선택하여 아침마다 매우 일찍 학교 운동장을 몇 바퀴씩 돌며 달렸습니다.

결국 경주에까지 나가서 달리지는 않았지만 나는 연습을 했습니다. 처음에는 매우 힘들어서 한 바퀴 돌고나서는 그만두고 싶었지만, 훈련이 되니까 매일 아침 점점 쉬워지는 것을 발견했습니다. 지속적으로 몇 주간의 훈련을 마쳤을 때 나는 800미터를 다 달렸을 뿐만 아니라 속도도 유지할 수 있었으며 심지어 더 잘 달릴 수도 있었습니다.

이 일을 통해 나는 강력한 원칙을 하나 배웠는데 그것은 무엇이든지 충분히 오랫동안 꾸준히 연습을 하면 자신의 시스템이 되어 자신의 일부가 된다는 것이었습니다.

이와 마찬가지로 영적으로도 나는 현상을 타파하고 이 원리를 사용하여 기도하는 훈련을 할 수 있음을 발견했습니다. 나는 자명종을 맞추어 놓고 밤에 깨어 일어나 다른 사람들과 행사들을 위해 기도하면서 시간을 보내고는 하였습니다. 이렇게 기도를 하면 할수록 점점 기도가 쉬워지더니, 마침내 나는 더 이상 기도하려고 자명종을 사용할 필요가 없게 되었습니다. 그 시간에 일어나 기도하는 것이 내게는 자연스러워졌습니다. 시작할 때는 어려웠지만 나에게 이렇게 하라고 누군가 말해 줄 사람이 필요하지 않았던 것은 내가 기도하도록 자신을 훈련하는 것은 나의 책임이었기 때문이었습니다. 당신도 이렇게 자신을 훈련해야 합니다.

중보 기도의 원칙은 기도가 필요한 동안에는 끈기 있게 기도를 지속하는 것임을 기억하십시오. 영으로 승리의 신호를 감지할 때까지 기도를 멈추지 마십시오. 승리의 신호가 오면 당신은 영으로 노래를 부르거나 소리 내어 웃을 것입니다. 이런 웃음은 당신의 영으로부터 온 것입니다. 다윗이 말했듯이 당신의 마음이 좋은 일로 시를 읊기 시작할 것입니다(시 45:1). 당신은 영으로부터 흘러나오는 기쁨과 웃음이 넘치게 됩니다. 그때가 바로 당신이 기도해 온 그 문제에 대한 중보 기도 사역을 완수하게 되었다는 것을 알게 되는 순간입니다.

제 8 장

성도들을 위해 기도하기

그리스도인으로서 당신의 삶에서 하나님의 말씀과 하나님의 뜻이 이루어지도록 하는 데 있어서 기도는 필수의 요소이므로 당신은 기도의 중요성을 끊임없이 기억해야 할 필요가 있습니다.

나는 오랫동안 그리스도인이었으면서도 영적으로 성장하지도 못하고 점점 더 종교적인 사람으로 변해가는 사람들을 보아 왔습니다. 그들은 자신들이 얼마나 오래된 성도인지 믿음 안에 얼마나 오래되었는지에 대해서만 자부심을 가지고 강조를 합니다. 이미 모든 것들을 다 보았고 다 들었다고 생각하기 때문에 하나님의 말씀과 성령의 일은 그들에게 너무나 식상한 것이 되어 버렸습니다. 이런 태도는 하나님의 영에게 무례한 태도입니다.

그러므로 그들이 계시로 말미암아 하나님의 말씀을 알게 되어 영의 일에 효과적이 되도록 우리는 성도들을 위해 기도해야 합니다.

지혜와 계시

엡 1:15-19

이로 말미암아 주 예수 안에서 너희 믿음과 모든 성도를 향한 사랑을 나도 듣고 내가 기도할 때에 기억하며 너희로 말미암아 감사하기를 그치지 아니하고 우리 주 예수 그리스도의 하나님, 영광의 아버지께서 지혜와 계시의 영을 너희에게 주사 하나님을 알게 하시고 너희 마음의 눈을 밝히사 그의 부르심의 소망이 무엇이며 성도 안에서 그 기업의 영광의 풍성함이 무엇이며 그의 힘의 위력으로 역사하심을 따라 믿는 우리에게 베푸신 능력의 지극히 크심이 어떠한 것을 너희로 알게 하시기를 구하노라

당신은 "나는 지혜와 계시의 영을 가졌습니다."라고 고백할 수는 있지만 단지 고백한다고 지혜와 계시가 오는 것은 아닙니다. 그렇다면 바울은 에베소의 그리스도인들을 위해서 이런 기도를 하지 않았을 것입니다.

여기서 바울이 말하고 있는 지혜의 영은 이사야 11:1-2에 언급된 것과 똑같은 것입니다.

사 11:1-2
이새의 줄기에서 한 싹이 나며 그 뿌리에서 한 가지가 나서 결실할 것이요 그의 위에 여호와의 영 곧 지혜와 총명의 영이요 모략과 재능의 영이요 지식과 여호와를 경외하는 영이 강림하시리니

바울은 "지혜와 계시의 영을 주사 하나님을 알게 해 주시고"라고 기도했습니다. 이 기도는 에베소 교회를 대신해서 바울이 한 중보 기도입니다.

여기 거듭나서, 하나님을 자신의 하늘의 아버지로, 예수님을 하나님의 아들로, 성령님을 제삼위의 하나님으로 받아들였지만, 아직 하나님에 대한 신적인 통찰력들은 가지지 못한 사람들이 있습니다. 성령은 받았지만 그들이 가진 하늘의 아버지를 아는 지식이나 성령님이 누구시며 그들의 삶에서 어떤 일을 하실 수 있는지에 대한 지식은 아직 없습니다.

거듭나기는 했지만 하나님의 말씀에 대한 빛이 없는 사람들을 위해서 당신은 중보 기도를 해야 합니다. 그들은 소위 "묵은" 그리스도인일 수도 있지만, 하나님의 말씀의 빛 가운데 걷

지 못하고 있다면 그들에게는 이런 기도가 필요합니다. 당신은 물론 지혜와 계시가 증가되도록 바울이 에베소 성도들을 위해 드린 기도를 당신 자신이 개인적으로 적용할 수도 있습니다. 성경은 예수님께서 지혜와 키가 자라가며 하나님과 사람에게 더욱 사랑스러워 가시더라고 말했습니다(눅 2:52). 당신이 당신 자신을 위해서 이렇게 기도한다면 당신도 물론 영적인 발전을 경험하게 되고 하나님의 일에 대한 통찰력도 얻게 될 것입니다.

하나님의 뜻에 대한 지식

골 1:9
이로써 우리도 듣던 날부터 너희를 위하여 기도하기를 그치지 아니하고 구하노니 너희로 하여금 모든 신령한 지혜와 총명에 하나님의 뜻을 아는 것으로 채우게 하시고

우리는 지혜와 영적인 총명을 우리 자신들의 삶에 적용할 필요가 있습니다. 주 예수님은 지혜와 총명으로 기능하셨기 때문에 그분은 당면한 비판과 핍박에도 불구하고 지상에서 자신의 사역을 완수할 수 있었습니다.

바리새인들이 세금을 내는 것에 관한 그분의 생각을 물었을 때,

그분은 동전 한 닢을 가지고 이렇게 질문하셨습니다. "이 동전에 있는 것이 누구의 얼굴이냐?"

"시저의 얼굴입니다." 그들이 대답했습니다.

그러자 그분은 이렇게 말씀하셨습니다. "가이사의 것은 가이사에게, 하나님의 것은 하나님께 바치라"(마 22:21) 그러자 그들은 아무 말도 하지 못했습니다.

이것이 바로 지혜입니다! 당신이 예수님의 생애와 그분이 바리새인들과 사두개인들과 서기관들과 율법학자들이 계속 던지는 미끼에 어떻게 반응하셨는지 공부한다면, 그분은 실제로 지혜를 몸으로 구현하신 분이라는 데 동의하지 않을 수 없을 것입니다.

지혜로 사셨기 때문에 예수님은 전능하신 하나님의 아들임에도 불구하고 육체적인 위험으로부터도 언제 피하여야 할지 아셨습니다. 한번은 그분께서 성전 마당에서 막 설교를 마치자 그분의 가르침에 화가 난 어떤 유대인들이 그분을 사로잡아 돌로 쳐 죽이려고 하였습니다. 그분은 하나님의 마음에 대한 영적인 이해를 하고 계셨기 때문에 자신이 아직은 제물로 바쳐질 때가 아닌 것을 알고서, 그들이 붙잡기 전에 피하셨습니다(요 10:22-39). 이와 똑같은 상황에 처한다면 오늘날의 어떤 그리스도인들은 이렇게 말할지도 모릅니다. "아무도 내게 손댈 수 없어!"라든가, "그래 쏴봐! 나를 죽일 수 없어!"라고 말입니다. 그러나 지혜의 영은 그들에게 거기서 빠져 나가라고 말씀하실 수도 있습니다. 루스드라에서 돌에 맞아 죽게 되었을 때 바울에게 일어났던 일이 이런 것이었을 것입니다. 성도들의 기도는 바울을 살아나게 했습니다(행 14:19-20). 물론 우리는 주님께서 우리가 주님을 위해 핍박을 받게 될 것이라고 하신 말씀을 기억하고 있습니다. 그러므로 우리도 이런 핍박으로부터 예외는 아닙니다. 그럼에도 불구하고 주님은 모든 지혜와 영적인 이해로 우리가 하나님의 뜻을 아는 것으로 충만하게 하실 것입니다. 나는 이런 기도를 믿기 때문에 수년 동안 다른 사람들과 나 자신을 위해 이렇게 기도해 왔습니다.

능력의 영

> 엡 3:16
> 그의 영광의 풍성함을 따라 그의 성령으로 말미암아 너희 속사람을 능력으로 강건하게 하시오며

골로새서 1:11은 이렇게 말씀하고 있습니다.

> 골 1:11
> 그의 영광의 힘을 따라 모든 능력으로 능하게 하시며 기쁨으로 모든 견딤과 오래 참음에 이르게 하시고

여기서 바울은 에베소와 골로새 교회를 위해서 능력으로 강건하게 되도록 기도하고 있습니다. 여기서 "능력might"은 당신의 근육이나 육체의 힘을 말하고 있는 것이 아닙니다. 이 능력은 성령을 통하여 기적으로 역사하는 하나님의 능력을 말합니다.

사도행전 1:8에서 예수님께서 제자들에게 이렇게 말씀하신 것을 기억하십시오. "오직 성령이 너희에게 임하시면 너희가 권능을 받고" 사도행전 1:8의 "권능power"은 그리스어 "두나미스dunamis"로부터 번역한 말로서, 에베소서 3:16과 골로새서 1:11에서 "능력might"으로 번역되었습니다.

권능은 변화를 일으키는 고유한, 역동적인 능력입니다. 당신이 자신의 몸, 가족, 직장, 재정 분야에 변화를 원한다면, 당신은 성령을 받을 때 이미 이런 변화를 일으킬 수 있는 고유하고 역동적인 능력을 받았습니다!

그러므로 에베소서 3:16에서 "능력might"은 기적을 일으키는 능력을 뜻합니다. 그러므로 바울의 기도는 우리가 성령에 의해 우리의 영 안에 기적을 일으키는 능력으로 활력이 있게 되는 것입니다.

이 성령의 능력이 삼손 위에 임했을 때 그는 사람의 능력을 초월하여 특별한 힘을 과시했습니다. 하루는 가자의 성문에 이르러 대문의 문설주와 인방을 모두 다 뽑아버렸습니다! 성문이 얼마나 무거웠을지는 당신도 상상할 수 있을 것입니다. 그러나 삼손은 하나를 뽑았을 뿐만 아니라 어깨에 짊어지고 동네에서 아주 멀리 떨어진 언덕 꼭대기까지 가지고 갔습니다. 이것이 바로 능력입니다!

그러나 삼손은 더 능력을 발휘했습니다. 블레셋 사람들이 그를 사로잡아서 눈을 빼어버린 뒤에, 그들은 다곤의 신전에서 큰 축제를 여는 중에 자신들을 즐겁게 하도록 그를 끌고 나왔습니다. 그 때 삼손은 이렇게 기도했습니다. "삼손이 여호와께 부르짖어 이르되 주 여호와여 구하옵나니 나를 생각하옵소서 하나님이여 구하옵나니 이번만 나를 강하게 하사 나의 두 눈을 뺀 블레셋 사람에게 원수를 단번에 갚게 하옵소서"(삿 16:28) 이렇게 기도하자 능력의 영이 그에게 임해서 이전처럼 그에게 초인적인 힘을 주었습니다.

그가 신전의 두 기둥에 손을 얹고 밀기 시작했을 때, 그의 포획자들은 웃긴다고 생각하고 그를 비웃기 시작했습니다. 무슨 일이 일어나고 있는지 그들이 눈치도 채기 전에 지지하는 기둥이 넘어지자 거대한 바위 조각들이 강타하기 시작했습니다. 건물 사방에 퍼붓는 거대한 돌에 맞아 압사하면서 그들의 비웃음 소리는 공포의 비명으로 변했습니다.

삼손은 삼천 명이 넘는 사람들이 건물 전체가 무너지는데 깔려 죽게 했으며 단 한 사람도 도망치지 못했습니다. 그는 자기가 평생에 죽인 사람들보다 더 많은 블레셋 사람들을 자기가 죽을 때 죽였습니다. 그는 실로 강한 용사요 이스라엘의 챔피언이 었습니다.

다윗도 삼손에 관한 이야기를 읽고 영감을 얻었음에 틀림없습니다. 하나님의 선지자 사무엘이 찾아와서 다윗의 머리에 기름을 부어 왕으로 기름 붓는 날이 왔습니다. 그때부터 주의 영이 다윗 위에 머물렀습니다. 다윗은 아버지의 양 떼를 치려고 돌아갔지만 전혀 다른 사람이었으며 그는 기름부음을 지니고 있었습니다.

그러던 어느 날, 사자 한 마리가 그의 양 떼에서 어린 양 한 마리를 취하러 왔습니다. 다른 사람들 같았으면 달아났겠지만, 능력의 영으로 기름부음 받은 다윗은 사자를 뒤쫓아 가서 사자의 수염을 잡고 사자를 죽이고 어린 양을 사자의 입에서 구출해 냈습니다.

또 한 번은 곰 한 마리가 어린 양들을 취하러 왔지만 그 사자와 똑같은 운명을 맞이하게 되었습니다. 뿐만 아니라 다윗이 블레셋의 거인 가드 사람 골리앗을 만났을 때도 그는 골리앗에게 자신이 죽였던 짐승들과 같이 될 것이라고 말했으며, 정확하게 그렇게 되었습니다.

이런 굉장한 용맹은 삼손이나 다윗의 육체적인 힘으로 된 것이 아니라 그들 위에 임한 능력의 영의 기름부음으로 말미암은 것이었습니다.

당신 안에서 능력의 영이 역사할 때면 당신에게 담대함을 줄

뿐만 아니라 자신의 힘을 초월하고 정복하는 탁월한 능력이나 압도적인 힘을 당신에게 가져다줍니다.

이것이 당신이 자신을 위해서 뿐만 아니라 다른 성도들을 위해서도, 우리가 능력의 영으로 충만하여져서 초인적인 일들을 하여 주님께 영광을 돌릴 수 있도록 기도해야 하는 이유입니다.

우리 영에 있는 그리스도

하나님의 영은 여러 번 초대 교회의 바울과 다른 사도들에게 성도들을 위해 기도하라고 영감을 주셨습니다. 이런 교훈적인 기도들 중에 하나가 에베소서 3:14-17에서 발견되는 기도입니다.

> 엡 3:14-17
> 이러므로 내가 하늘과 땅에 있는 각 족속에게 이름을 주신 아버지 앞에 무릎을 꿇고 비노니 그의 영광의 풍성함을 따라 그의 성령으로 말미암아 너희 속사람을 능력으로 강건하게 하시오며 믿음으로 말미암아 그리스도께서 너희 마음에 계시게 하시옵고 너희가 사랑 가운데서 뿌리가 박히고 터가 굳어져서

여기서 바울은 하나님의 사람들을 위해서 기도하기를 믿음으

로 말미암아 그리스도께서 우리 영hearts에 계시게 해 주기를 기도합니다. 다른 말로 하면, 그는 우리가 그리스도의 비밀에 대한 계시를 받기를 기도했습니다. 골로새서 1:27에서 바울은 이렇게 말합니다. "하나님이 그들로 하여금 이 비밀의 영광이 이방인 가운데 얼마나 풍성한지를 알게 하려 하심이라 이 비밀은 너희 안에 계신 그리스도시니 곧 영광의 소망이니라"(골 1:27)

너희 안에 계신 그리스도 – 이것은 만세와 만대로부터 감추어졌던 비밀입니다. 예루살렘 공회의 예수 그리스도의 사도들마저도 성령님께서 그들에게 달리 가르쳐 주실 때까지는 온전히 이해하지 못했었는데, 그들은 이방인들은 옛 언약을 따라 할례를 받기까지는 구원받을 수 없다고 주장했습니다(행 15:1-2).

그 당시에 예수 그리스도의 교회는 아직 어린아이 상태였습니다. 그들은 예수 그리스도의 부활과 성도들을 위한 중보 기도에 관해서나 조금 이해하기 시작했을 뿐이었습니다. 그들은 이방인들(유대인이 아닌 사람들)도 예수의 피로 구원받아 그리스도의 몸의 지체가 될 수 있다는 것을 깨닫지 못했습니다. 그래서 바울은 이렇게 그들을 위해 기도해야 했습니다. "믿음으로 말미암아 그리스도께서 그들의 마음에 계시게 하시고", "이 비밀의 영광이 이방인 가운데 얼마나 풍성한지를 알게 되기를 원하노라." 이 비밀은 그들 안에 계신 그리스도 곧 영광의 소망이었습니다.

그리스도의 사랑

엡 3:17-19
너희가 사랑 가운데서 뿌리가 박히고 터가 굳어져서 능히 모든 성도와 함께 지식에 넘치는 그리스도의 사랑을 알고 그 너비와 길이와 높이와 깊이가 어떠함을 깨달아 하나님의 모든 충만하신 것으로 너희에게 충만하게 하시기를 구하노라

이 기도는 우리의 일상생활 가운데 하나님의 사랑의 계시에 관한 것입니다. 우리는 주 예수 그리스도로 하여금 우리를 위하여 고통을 받으시고 죽으시게 했던 그 강권하는 사랑의 길이와 너비와 높이와 깊이를 알아야 합니다.

사람들이 "내가 싫어하는 일까지 하면서 당신을 기쁘게 해 줄 수는 없지요."라고 말하는 것을 당신은 들어 보았습니까? 이런 것은 하나님의 사랑이 아닙니다. 이런 생각을 하고 있는 사람들은 하나님의 계획과 마음에 대한 통찰력이 없는 사람입니다. 그들은 아직 하나님의 사랑으로 채워지지 않았습니다. 그러므로 당신은 하나님의 사람들을 위해 기도해서 그들이 자연적이며 인간적인 사랑을 초월하는 그리스도의 사랑에 대한 통찰력을 갖도록 해야 합니다.

말과 담대함

  에베소의 성도들에게 쓴 편지에서 바울은 그들이 자신을 위해 이렇게 기도해 주기를 바랐습니다. "내게 말씀을 주사 나로 입을 열어 복음의 비밀을 담대히 알리게 하옵소서 할 것이니"(엡 6:19) 디모데에게 쓴 다른 편지에서 바울은 이렇게 말했습니다. "하나님이 우리에게 주신 것은 두려워하는 마음이 아니요 오직 능력과 사랑과 절제하는 마음이니"(딤후 1:7)

  이런 말씀들은 하나님은 그분의 자녀들이 매우 담대하기를 바란다는 것을 보여주고 있습니다. 바울은 자신이 담대함이 없어서가 아니라 복음을 전할 때 담대하게 입을 열 수 있도록 성도들이 그를 위해 기도해 주기를 바랐습니다. 물론 바울은 담대한 사람이었습니다.

  하나님이 우리에게 주신 것은 두려워하는 영이 아니라, 능력과 사랑과 건전한 마음이라고 주장한 사람이 바울이라는 것을 생각해 보십시오.

  하나님의 자녀가 큰 무리 앞에서 복음을 나눌 기회가 왔는데 갑자기 안절부절 못하는 것을 상상해 보십시오. 그의 영으로부터 하나님의 담대함이 드러나지 않는다면 그는 많은 사람들을 구원할 수 있는 놀라운 기회를 놓치게 될 것입니다. 그러므로 당신이 하나님의 성도들을 위해 이렇게 기도할 때, 당신이 구하는 것은 그들의 삶에 분명하게 보이는 사랑과 담대함과 능력과 지혜로 표현된 하나님의 성품입니다.

사랑이 점점 더 풍성하도록

빌 1:9-11

내가 기도하노라 너희 사랑을 지식과 모든 총명으로 점점 더 풍성하게 하사 너희로 지극히 선한 것을 분별하며 또 진실하여 허물 없이 그리스도의 날까지 이르고 예수 그리스도로 말미암아 의의 열매가 가득하여 하나님의 영광과 찬송이 되기를 원하노라

지식과 이해를 가지고 기도한 바울을 나는 사랑합니다. 바울은 "그들의 사랑이 지식과 모든 총명으로 점점 더 풍성하게 되기를" 기도했습니다. 지식이 없는 사랑은 치명적입니다. 그는 또한 우리의 사랑이 매우 분별력이 있기를 기도했는데, 그것은 우리 안에 계신 상담의 영the Spirit of counsel을 통하여 우리의 사랑이 좋은 판단력으로 나타나는 것을 말합니다. 여기서 판단이란 것은 법정에서 판사가 내리는 그런 것이 아니라, 하나님의 조언을 따라 행동하고, 영적인 직감에 의해서 어떻게 해야 할지를 아는 것을 말합니다.

바울은 또한 성령님께서 우리의 삶 가운데 역사하셔서, 탁월한 것들을 인정할 수 있도록 하며, 의의 열매로 가득 차게 되는 것을 위해 기도했습니다.

이것들은 당신이 하나님의 사람들을 위해 할 수 있는 많은 기도 중의 몇 가지입니다. 이런 기도는 하나님의 사람들을 세워주며, 강건하게 하고, 그들의 삶에서 하나님의 조언이 튼튼히 세워지게 합니다. 그러므로 이제 당신이 중보 기도의 사역에 자신을 새롭게 헌신할 시간입니다. 당신이 중보 기도를 하는 동기는 하나님께서 당신의 필요를 채워주시기를 바라는 것이 아니라, 하나님의 뜻이 다른 사람들의 삶 가운데 이루어지는 것을 보기를 바라는 것입니다. 이렇게 기도함으로 당신이 이룰 수 있는 일은 너무나 많습니다. 그러므로 일을 시작하십시오. 다른 사람들을 위해 중보 기도를 하고 긍정적인 변화와 탁월한 결과를 기대하십시오.

제 9 장

물질적인 필요를 위한 기도

"아버지, 내게 집을 한 채 주세요." "차를 한 대 주세요." "오 하나님, 나는 돈이 필요합니다." "새 직장이 필요합니다." 당신이 살면서 진정으로 원하는 것들과 필요한 것들을 적으면 끝이 없겠지만, 당신은 이런 식의 '주세요' 기도를 더 이상 할 필요가 없다는 것을 깨달았습니까? 왜냐하면 모든 것들이 이미 당신의 것이기 때문입니다. 이것이 고린도전서 3:21-23에서 말씀이 말하고 있는 것입니다.

고전 3:21-23

그런즉 누구든지 사람을 자랑하지 말라 만물이 다 너희 것임이라 바울이나 아볼로나 게바나 세계나 생명이나 사망이나 지

금 것이나 장래 것이나 다 너희의 것이요 너희는 그리스도의
것이요 그리스도는 하나님의 것이니라

"그렇다면 기도하거나 구하지 않고 어떻게 하나님께 이런 것들을 구하여 받아서 즐길 수 있습니까?"라고 의아해 할 수도 있습니다. 그것을 이 장에서 보여주려고 합니다. 왜냐하면 하나님의 말씀은 우리가 어떻게 물질적인 필요를 공급받는지를 계시해 주고 있습니다.

나의 하나님이 너희 모든 필요를 공급해 주실 것이다!

당신의 필요에 대해서 제일 먼저 확실하게 해야 할 것은 당신이 받고 싶어 하는 것보다 하나님께서 더 당신의 필요를 채워주시기 원하신다는 사실입니다. 그래서 예수님께서도 우리가 기도할 때 헛된 말을 반복하는 것이 옳지 않다고 말씀하셨습니다(마 6:7).

바울은 빌립보서 2:13에서 이렇게 말했습니다. "너희 안에서 행하시는 이는 하나님이시니 자기의 기쁘신 뜻을 위하여 너희에게 소원을 두고 행하게 하시나니." 요한도 하나님의 마음에 대해서 언급하면서, "사랑하는 자여, 네 영혼이 잘됨 같이 네가 범사에 잘되고 강건하기를 내가 간구하노라"라고 말했습니다(요삼 1:2). 이로써 좋은 것에 대한 당신의 소원은 당신을 위한 하나님의 소원을

반영하는 것이라는 것이 증명되었습니다.

바울은 오늘날 우리에게 아주 적합한 그들의 필요에 관하여 빌립보에 사는 성도들에게 심오한 말을 하였습니다. 그는 이렇게 말했습니다. "나의 하나님이 그리스도 예수 안에서 영광 가운데 그 풍성한 대로 너희 모든 쓸 것을 채우시리라"(빌 4:19)

여기서 바울이 영적인 필요에 관해서 말하고 있을까요 아니면 그들의 물질적인 필요를 언급한 것으로 볼 수 있을까요? 이 구절을 문맥에서 공부하면서 알아볼 것입니다.

> 빌 4:15-16
> 빌립보 사람들아 너희도 알거니와 복음의 시초에 내가 마게도냐를 떠날 때에 주고 받는 내 일에 참여한 교회가 너희 외에 아무도 없었느니라 데살로니가에 있을 때에도 너희가 한 번뿐 아니라 두 번이나 나의 쓸 것을 보내었도다

여기서 바울은 빌립보 성도들로부터 받은 물질적인 것을 말하면서 빌립보 교회 외에는 주고 받는 일에 참여한 교회가 없었다고 언급했습니다. 그러므로 이런 조건 아래서 그는 19절에서 이렇게 말한 것입니다. "나의 하나님이 그리스도 예수 안에서 영광 가운데 그 풍성한 대로 너희 모든 쓸 것을 채우시리라"

"채운다supply"는 말은 여기에서 단순한 공급만을 뜻하지 않

고, 그리스어 "플레로오pleroo"를 번역한 말로서, "가득 채우다 혹은 잉여분to make replete or surplus"을 뜻합니다. 그러므로 바울은 하나님의 계획은 우리의 필요만을 채우는 것이 아니라 남을 정도로 많은 것으로서, 원하는 것이나 필요한 것보다 훨씬 더 많은 것이라는 것을 우리에게 알려주고 있습니다.

바울이 "나의 하나님이 너희 모든 쓸 것need을 채우시리라"고 할 때 그는 하나님을 대신해서 약속을 하거나 우리에게 하나님으로부터 약속을 제공하고 있는 것이 아닙니다. 약속처럼 들리지만 약속이 아닙니다. 만일 "주님께서 '내가 나의 영광 가운데 풍성한 대로 너희 쓸 것을 공급해 줄 것이다' 라고 말씀하셨다."라고 기록되었다면 우리는 하나님이 하신 약속으로 받아들일 수 있을 것입니다. 그러나 바울은 "나의 하나님이 그리스도 예수 안에서 영광 가운데 그 풍성한 대로 너희 모든 쓸 것을 채우시리라"(빌 4:19)라고 썼습니다. 이 말씀은 계약에 의거한 하나님의 역할을 우리에게 알려주고 있는 사실을 진술한 문장입니다. 이 말은 당신이 어떤 필요를 인식하는 바로 그 순간 그것은 하나님의 공급 체계에 줄을 서서 대기하고 있다는 말입니다. 그러므로 말씀이 그것들은 그리스도 예수로 말미암아 영광 가운데 하나님의 풍성함을 따라 공급될 것이라고 이미 선언하고 있기 때문에 당신은 당신의 필요에 관해서 기도할 필요가 없습니다.

예를 들어서 만일 당신의 월세 납부일이 가까워 온다고 "오 하나님, 제발 저를 도와주십시오. 월세를 지불해야 합니다."라고 기도해서는 안 됩니다. 이런 기도는 효과가 없을 것입니다. 당신이 해야 하는 것은 이렇게 선포하는 것입니다. "그리스도 예수로 말미암아 하나님의 영광 가운데 풍성한 대로 나의 모든 필요는 충족되었습니다. 그러므로 월세를 낼 돈을 나는 예수 이름으로 받습니다!"

사실 당신은 월세 낼 날이 되기 훨씬 전에 이렇게 선포했어야 합니다. 미리 선포하지 않으므로 하나님께서 모르고 계시다가 갑자기 당황한다는 말이 아닙니다. 당신이 일찍이 말씀을 선포하면 당신은 당신의 믿음을 강하게 하여 겁을 먹지 않도록 충분한 시간을 가지게 되기 때문입니다.

이런 믿음의 선언은 당신이 이것을 기대하기 때문에 하는 것이 아니라 당신이 이것을 절대적으로 믿기 때문에 하는 것입니다. 바울은 고린도후서 4:13에서 이렇게 선포하였습니다. "기록된 바 내가 믿었으므로 말하였다 한 것 같이 우리가 같은 믿음의 마음을 가졌으니 우리도 믿었으므로 또한 말하노라"(고후 4:13)

당신도 역시 믿기 때문에 말하는 것입니다!

필요가 아니라 공급을 말하십시오

"필요를 의식하지" 말고 "공급을 의식하십시오." 아마도 당신은 모르고 있는 것을 하나님께서 당신에게 유익이 되도록 일하시는 것들이 있습니다. 그러나 어떤 것들은 당신이 그것을 알게 되고 필요가 있음을 깨닫게 됩니다. 이렇게 필요를 발견하였으면 그 필요를 채워달라고 하나님께 기도하며 구하는 것을 시작하지 마십시오. 이런 필요를 당신의 기도의 초점이 되게 하지 마십시오. 필요가 초점이 되면 당신은 당신의 공급 대신에 당신의 필요에 목소리를 실어주게 될 것입니다.

당신이 해야 하는 것은 하나님께서 당신의 필요를 공급하셨다는 것을 선포하는 것입니다. 이렇게 말하십시오. "아버지, 나는 내 집을 예수 이름으로 받습니다." 이렇게 함으로써 당신은 하나님의 공급 체계에 연결되는 것입니다. 너무나 단순해 보이지만 복음은 단순합니다. 복음은 이런 것입니다. 너무나 쉽기 때문에 당신은 애쓰거나 애걸할 필요가 없습니다. 당신이 원하는 것이 복음이 말하고 있는 것이 아니라면 당신은 금식하고 애쓰고 그에 대한 값을 지불해야 할 것입니다. 그러나 그것들이 그리스도의 영광스런 복음이 공급하는 것 안에 있다면 당신은 그것들이 당신 것임을 알고 있으므로 편하게 쉴 수 있습니다.

더 이상 "오늘 우리에게 일용할 양식을 주십시오"가 아닙니다

예수님은 제자들에게 아버지께 "오늘 우리에게 일용할 양식을 주십시오."(마 6:11)라고 기도하라고 가르쳤습니다. 아담이 대 반역을 저지름으로 말미암아 인간은 땅을 다스리는 권세를 잃어버리고 사탄에게 넘겨주었기 때문에 이런 기도는 그때에 필요했었습니다. 사탄이 이 세상을 지배하는 악한 체제를 세웠기 때문에 인간은 자신의 일용할 양식을 위해 기도해야만 했습니다. 이것은 예수님께서 오셔서 마귀를 무찌르시고 주도권을 잡으실 때까지 지속되었습니다.

당신도 알다시피 옛 언약의 삶과 그리스도 안에서 새 언약의 삶 사이에는 엄청난 차이가 있습니다. 옛 언약 아래서 유대인들은 자신들의 일용할 양식을 위해 하나님께 기도하고 구해야 했습니다. 그들의 필요가 채워지도록 그들은 하나님께 구해야만 했습니다. 예수님도 죽으시기 전에는 그들에게 그렇게 기도하라고 가르치셨습니다. 그러나 그리스도의 죽음, 장사됨, 부활과 승천은 새로운 시대를 열게 되었습니다. 이 새로운 시대에는 우리는 구약의 유대인들처럼 기도하지 않습니다. 그리스도 안에서 새로운 피조물로서 우리는 우리가 원하는 것을 불러내고 받을 수 있는 그분의 모든 능력과 권세를 가지고 있습니다.

마태복음 28:18-20에서 예수님은 말씀하셨습니다. "예수께서 나아와 말씀하여 이르시되 하늘과 땅의 모든 권세를 내게 주셨으니 그러므로 너희는 가서 모든 민족을 제자로 삼아 아버지와 아들과 성령의 이름으로 세례를 베풀고 내가 너희에게 분부한 모든

것을 가르쳐 지키게 하라 볼지어다 내가 세상 끝날까지 너희와 항상 함께 있으리라"(마 28:18-20)

이제 우리는 정사들과 어둠의 권세들을 그의 이름으로 다스리며 우리의 필요를 채웁니다. 우리는 하나님께 "오늘 우리에게 일용할 양식을 주십시오."라고 구할 필요가 없습니다. 이미 우리의 것이기 때문에 우리는 우리의 일용할 양식을 단순히 주장합니다! 우리는 이제 우리의 필요가 채워지도록 구하지 않고 필요가 채워졌다고 선포합니다.

마 11:28-30
수고하고 무거운 짐 진 자들아 다 내게로 오라 내가 너희를 쉬게 하리라 나는 마음이 온유하고 겸손하니 나의 멍에를 메고 내게 배우라 그리하면 너희 마음이 쉼을 얻으리니 이는 내 멍에는 쉽고 내 짐은 가벼움이라 하시니라

여기서 예수님은 이렇게 말씀하고 계십니다. "내가 너의 삶의 주인이 되게 해 다오." 신약에서 주님이란 말은 주인boss이란 뜻만이 아니라, 생활비를 버는 사람bread-provider, 보호자protector, 돌보는 사람caretaker이란 의미를 가지고 있습니다.

주님은 당신에게 또한 이렇게 말씀하고 계십니다. "내 멍에를 메라. 왜냐하면 내 멍에는 쉽고 내 짐은 가볍기 때문이다." 주님

께서 당신을 인도하는 방법은 매우 단순하다는 것을 주님은 당신에게 알려주고 계십니다. 주님께서 당신에게 주시는 책임은 매우 가볍고 쉽습니다. 사도 요한은 그분의 계명은 무거운 것이 아니라 말하고 있습니다(요일 5:3). 복음의 단순함이야말로 복음이 하나님으로부터 말미암았다는 증거입니다.

태어나면서부터 당신이 지은 모든 죄를 생각해 보십시오! 수 없이 많고 끔찍했던 죄들도 당신이 해야 할 말은 오직 "나는 예수님을 나의 삶의 주님으로 영접합니다."라고 하는 것뿐이며, 모든 죄는 한순간에 이렇게 당신의 삶으로부터 사라져 버립니다!

당신이 영생을 받는 것이 이렇게 단순하다면 하나님의 왕국에서의 삶도 역시 마찬가지라고 동의해야 합니다. 그러므로 실패자의 삶을 사는 것을 거절하고, 당신의 영이나 마음에 이런 의식조차도 허락하지 마십시오.

너희는 황금을 흙처럼 쌓아 둘 것이다!

욥 22:24-25
네 보화를 티끌로 여기고 오빌의 금을 계곡의 돌로 여기라 그리하면 전능자가 네 보화가 되시며 네게 고귀한 은이 되시리니 황금을 흙처럼 쌓아둔다To lay up gold as dust는 말은 당신의 공급에 끝이 없다는 뜻입니다. 표면에 먼지를 깨끗하게 닦아내어도 시간이 좀 지나면 머지않아 그 자리는 여전히 먼지로 덮여버립니다. 위의 성경 말씀은 돈이 당신에게 이렇게 들어온다는 것을 알려주고 있습니다. 월 초에 당신의 마지막 현금을 다 써버렸다고 합시다. 어떻게 해야 할지 조바심하거나 의심하지 마십시오. 이렇게 생각하지도 마십시오. "어디서 돈이 올 데가 있을까? 나는 월급 밖에는 돈 들어올 데가 없는데!" 이렇게 말하지 마십시오. 이것은 세상의 사고방식이며, 세상의 체제입니다. 당신의 직장이나 사업이 당신의 근원이 아니라 하나님이 당신의 근원입니다!

그 대신 당신은 이렇게 해야 합니다. "예수 그리스도의 이름으로 나는 금을 흙처럼 쌓아 둔다!"라고 선포하십시오.

당신은 하나님의 왕국에 살면서 세상의 말을 할 수 없습니다. 세상이 생각하고 말하는 방식을 따라 하지 마십시오. 마음을 새롭게 함으로 변화를 받으십시오. 하나님의 말씀을 따라 생각하고 말하도록 자신을 훈련하십시오!

"밑바닥"에 머무르지 마십시오

"부족함 의식lack-conscious"이 아니라 "공급 의식supply-conscious"의 사람이 되도록 결심하십시오. "나는 여유가 없어서 돈을 아껴야 합니다. 헌금을 하거나 써버리면 아무것도 남지 않을 것입니다."라고 늘 말하게 되면 당신은 자신도 모르게 스스로를 불리한 자리에 처하게 합니다. 이것은 바로 부족함을 의식하는 것입니다. 계속 이런 생각을 하게 되면, 당신은 모든 것이 제로에 가까워지고 있는 "밑바닥"에 처하게 됩니다.

당신의 소비와 헌금은 바른 목적을 가지고 해야 한다는 것을 여기서 간단히 언급하고 싶습니다. 복음을 널리 전하는 것이 당신에게 우선이라면 천사들은 문자 그대로 단순히 하나님의 사업을 하고 있다는 것 때문에 당신이 결코 부족하지 않도록 할 것이며 당신의 것에 관심을 가지게 될 것입니다. 하나님께서는 분명히 당신의 필요가 항상 충족되도록 하실 것입니다!

하나님께서는 당신의 영적인 눈이 열려서 세상이 당신에게 속했다는 것을 알게 되는 영적인 의식의 높은 단계에서 당신이 살기 시작하게 되기를 원하십니다. 당신이 의식적으로 하나님의 말씀 안에서 자신을 계발함에 따라 당신은 당신이 하고 있는 기도 중 많은 것들이 기도할 필요가 없다는 것을 깨닫게 될 것입니다. 왜냐하면 하나님께서는 생명과 경건에 관한 모든 것들을 당신에게 이미 주셨기 때문입니다. 이 수준에서 당신의 기도의 대부분은 고백, 선포, 공표, 경배와 감사일 것입니다.

당신은 하나님의 말씀의 빛 안에서 행함으로써 당신의 소유를 주장할 수 있습니다. 이 말은 말씀이 그리스도 예수 안에서 당신의 왕국의 권리와 특권과 소유에 관해서 말하고 있는 것을 당신이 실제적으로 인식하고 사는 것을 뜻합니다. 이 중에 하나는 하나님의 말씀을 지속적으로 고백하는 것입니다. 그리스도인의 삶은 고백의 삶이라는 것을 인정하십시오(롬 10:8-10). 성경은 "죽고 사는 것이 혀의 힘에 달렸나니 혀를 쓰기 좋아하는 자는 혀의 열매를 먹으리라"(잠 18:21)라고 말합니다. 그러므로 당신의 고백은 너무나 중요합니다. 당신이 자신을 빈털터리라고 말한다면, 시편 23:1에서 "여호와는 나의 목자시니 내게 부족함이 없으리로다"라고 당신에 관해 말씀하신 하나님의 말씀에 반대되는 것입니다.

말씀의 빛 가운데 행하십시오. 이렇게 선언하십시오. "주님이 나의 목자이므로 나는 부족함을 거절합니다. 나는 복음을 재정적으로 크게 후원하는 자산가입니다. 기회의 문들은 지금 나에게 열려 있습니다. 나는 축복받았으며, 그리스도 예수로 말미암아 영광 가운데 하나님의 풍성함에 따라 나의 필요는 풍성하게 공급받습니다. 할렐루야!"

제 10 장

예언적 기도

예언적 기도는 하나님이 주시는 성령님의 영감으로 말미암아 당신이 하나님의 뜻과 목적이 이루어지도록 말하는 기도를 말합니다.

기도 장소에서 당신이 성령과 진리로 주님을 경배하면 성령님은 당신이 능력과 권세를 가지고 그분의 말씀을 하도록 하십니다.

예언적 기도의 고전적 예는 요나가 물고기 배 속에 있을 때 한 기도입니다.

욘 2:1-4

요나가 물고기 뱃속에서 그의 하나님 여호와께 기도하여 이르되 내가 받는 고난으로 말미암아 여호와께 불러 아뢰었더니 주께서 내게 대답하셨고 내가 스올의 뱃속에서 부르짖었더니 주께서 내 음성을 들으셨나이다 주께서 나를 깊음 속 바다 가운데에 던지셨으므로 큰 물이 나를 둘렀고 주의 파도와 큰 물결이 다 내 위에 넘쳤나이다 내가 말하기를 내가 주의 목전에서 쫓겨났을지라도 다시 주의 성전을 바라보겠다 하였나이다

그 물고기 배 속에서 죽은 몸이나 다름없는 절박한 시간에도 요나는 포기하지 않기로 하였습니다. 오히려 그는 다시 한 번 하나님의 영광을 보기를 원했으므로 하나님을 불렀습니다. 그는 하나님의 성전이 있었던 위대한 왕의 도시 예루살렘을 한 번 더 보기를 바랐습니다.

요나는 자신이 하고 있는 일이 무엇인지 완전히 이해하고 있었습니다. 끔찍하고 소망이 없는 상황에 처해 있었지만 그는 예언을 하였습니다. "나는 다시 주의 성전을 바라볼 것이다."

이것이 바로 예언적 기도이며 신자가 이렇게 기도하는 것은 중요합니다. 예언적 기도를 통해서 당신은 아버지의 마음을 말로 표현함으로써 예언의 은사가 일하도록 하는 것입니다. 당신은 성령님의 감동으로 말미암아 하나님의 뜻을 선포함으로써 말한 것이 일어나도록 하는 것입니다.

거짓되고 헛된 것들을 바라보지 않기로 하십시오

욘 2:7-8
내 영혼이 내 속에서 피곤할 때에 내가 여호와를 생각하였더니 내 기도가 주께 이르렀사오며 주의 성전에 미쳤나이다 거짓되고 헛된 것을 숭상하는 모든 자는 자기에게 베푸신 은혜를 버렸사오나

이것을 읽으면서 당신은 요나가 그 물고기 배 속에서 나온 뒤에 이 말을 했다고 생각할지도 모릅니다. 아닙니다. 그는 아직도 그 물고기 배 속에 있는 동안에 이런 말을 했습니다. 그는 하나님이 베푸시는 은혜를 저버리고 거짓되고 헛된 것들을 바라보는 사람들에게 이런 말을 했습니다. 환경을 바라보는 것은 하나님의 은혜를 저버리는 것이라는 것을 요나는 알았습니다. 자기가 자신을 사랑하는 것보다도 더 하나님께서 자기를 사랑하고 있다는 것을 그는 깨닫게 되었습니다. 자신이 할 수 있는 것보다도 더 하나님께서 요나의 평판에 대해서도 관심을 가지고 있었습니다. 그는 하나님의 영과 약속을 하게 되었는데 암울한 환경에 머무르기를 거절하고, 여전히 고통스런 문제 가운데 있지만, 그는 하나님께서 그를 구출해 주실 것을 감사하기 시작했습니다.

요나는 "하나님, 나는 하나님께서 나를 구출해 주실 것을 알고

있습니다."라고 말하지 않았습니다. 오히려 그는 "하나님께서 나를 구출해 내셨습니다."라고 말했습니다. 이렇게 말하려면 믿음이 있어야 합니다. 예언적 기도를 할 때는 하나님의 말씀을 과거 시제로 말합니다. "나는 낫게 될 거야"라거나 "나는 나의 치유를 주장한다"라고 말하지 않습니다. 당신은 "나는 치유 되었다! 주님 저를 낫게 해 주시니 감사합니다!"라고 선언합니다. 하나님께 영광을 돌립니다!

요나는 하나님께 감사의 제사를 드릴 것이라고 선언하였습니다. 요나는 자신이 하나님께 감사를 하면 하나님께서 요나가 감사드린 것을 행할 것이라는 소망을 가지고 미리 하나님께 감사를 하지 않았습니다. 그는 하나님의 선지자로서 하나님의 말씀을 이해하고 있었습니다. 하나님께서는 없는 것을 있는 것처럼 부르시는 분이라는 것을 그는 알고 있었습니다(롬 4:17).

당신은 내일 가서 보아야 하지만 하나님은 당신의 내일을 보시고 알고 있습니다. 하나님께 당신의 내일은 이미 과거입니다. 내일을 계획하고 계신 것이 아니라 그에 관해서는 하나님께서 하실 일은 이미 다 해 놓으셨기 때문입니다. 당신의 미래를 알고 적절한 준비를 이미 다 해 놓으신 살아계신 하나님을 섬기고 있다는 것을 알고 있다는 것이 얼마나 위로가 됩니까!

현재의 환경이 불쾌하다는 것 때문에 흔들리지 마십시오. 아픈 몸의 부정적인 증상들을 주목하지 마십시오. 요나는 자신의 암울한 환경을 거짓되고 헛된 것들로 여겼습니다.

자신의 느낌을 따라서 행동한다면 당신은 기분이 좋을 때만 하나님을 찬양하고 좋지 않을 때는 하나님께서 당신을 저버렸다고 결론을 내려버릴 것입니다. 하나님의 자녀로서 당신은 당신의 환경이나 상황에 따라 행동을 해서는 안 됩니다. 거짓되고 헛된 것들을 바라보지 않기로 하고, 대신에 하나님께서 말씀하신 것에 매달리십시오.

당신이 겪는 시련을 승리의 찬양으로 바꾸십시오

요나는 물고기의 배 속을 성전으로 바꾸어 바로 거기서 교회 예배를 드렸습니다. 그는 자기 연민을 하지 않고 감사의 목소리로 하나님께 찬양의 제사를 드리기로 작정하였습니다. 그렇게 할 때 그의 제물의 향기로운 냄새가 하나님께로 올라갔습니다. 하나님께서 그 향기에 감동하시고 그 물고기에게 요나를 내어 보내라고 말씀하셨습니다. 그 물고기는 말씀대로 요나를 마른 땅에 토해 놓았습니다. 하나님께서 그 물고기에게 말씀하시므로 물고기가 말씀대로 했듯이 하나님은 당신을 삼켜 버린 것 같은 어떤 상황에 대해서도 말씀하실 수 있고 그 환경은 확실하게 말씀에 순종할 것입니다.

요나가 한 것처럼 당신이 처하게 된 소망이 없어 보이는 상황 가운데서도 하나님을 경배하기 시작한 것처럼 당신은 단지 요나가 한 것처럼 하면 됩니다. 당신이 이 상황을 극복했다고 선포하십시오. 당신의 구출과 성공에 대해서 그분께 감사하십시오. 이런 예언적 선포 기도는 당신에게 필요한 기적이 일어나게 하며 당신으로 하여금 당신의 인생을 향한 하나님의 목적을 성취하도록 촉구합니다. 이것이 바로 예언적 기도의 능력입니다.

제 11 장

경배와 찬양과 감사의 기도

믿는 자들에게 가장 높은 부르심은 하나님과 교제하는 것이며, 이 위대한 부르심을 따라 제사장의 사역이 함께 합니다.

계 1:6
그의 아버지 하나님을 위하여 우리를 나라와 제사장으로 삼으신 그에게 영광과 능력이 세세토록 있기를 원하노라 아멘

하나님의 제사장으로서 우리는 그리스도의 몸 안에서 중요한 기능을 하고 있기 때문에 새 언약에서 하나님의 제사장들로서의 우리의 역할을 더 잘 이해하기 위해서 옛 언약에서 제사장이 어떻게 하였는지를 알아볼 필요가 있습니다. 왜냐하면 옛 언약의

제사장의 직분은 오늘날 믿는 자들의 제사장으로서의 사역의 모형이기 때문입니다.

성전 뜰과 놋 제단

옛 언약의 성전은 세 부분으로 나뉘어져 있었습니다.

- 성전 뜰
- 성소
- 지성소, 즉 가장 거룩한 곳

성전 뜰에는 심판을 상징하는 놋을 입힌 나무로 만든 번제단이 있었습니다. 놋 제단의 제사는 저녁 제사라고도 하는데 놋으로 만든 제단 위에 양을 번제로 드리는 것이었습니다. 이 제사는 사람의 죄들이 그 양에게 옮겨져서 심판을 받았다는 것을 의미합니다. 그래서 시편 기자는 "나의 기도가 주의 앞에 분향함과 같이 되며 나의 손 드는 것이 저녁 제사 같이 되게 하소서"라고 외쳤습니다(시 141:2).

다윗은 옛 언약의 제사장의 사역을 잘 알고서 이 시편을 썼습니다. 왜냐하면 다윗은 하나님의 선지자로서 예수 그리스도의 죽음과 부활 이후에 시작되는 새로운 시대에 대한 계시를 받았기 때문입니다. 그에게 임했던 기름부음은 그에게 하나님의 마음에 대한 통찰력을 주었습니다. 그래서 다윗은 예언적으로 말하면서 저녁 제사(놋 제단의 제물)를 예배 때 손을 드는 것에 비유했습니다.

예배드리면서 손을 드는 것은 당신의 죄를 위해 하나님의 어린 양인 예수 그리스도께서 심판을 받았다는 것을 당신이 받아들이고 그분께 자신을 내어 드린다는 것을 선언하는 것입니다. 이것을 의식하면서 당신이 손을 든다면 어떤 죄도 당신을 정죄할 수 없습니다.

성소와 금 제단

옛 언약에서 거룩한 곳, 첫 성소라고도 하는 성소 안에는 금을 입힌 또 다른 나무 제단이 있었습니다. 이 두 번째 제단은 성소와 지성소를 가로 막고 있는 큰 휘장 바로 앞에 있었습니다. 대제사장은 매일 아침과 저녁에 끊임없이 향을 태웠습니다(출 30:1-8). 이것은 대제사장이 지성소에 있는 하나님의 임재 속으로 들어가기 직전에 하던 특별 예식이었습니다.

다윗이 나의 기도가 하나님 앞에 분향함과 같이 되게 해 달라고 한 것은 이 금제단에 드린 향을 언급한 것이었습니다. 다윗은 성령의 영감으로 말미암아 미래를 들여다보고 제사장들이 더 이상 매일 아침저녁으로 분향할 필요가 없어지는 새로운 사역을 보았습니다. 하나님의 백성들의 기도와 손을 높이 드는 것이 하나님을 더 기쁘시게 하는 것입니다.

시 69:30-31
내가 노래로 하나님의 이름을 찬송하며 감사함으로 하나님을 위대하시다 하리니 이것이 소 곧 뿔과 굽이 있는 황소를 드림보다 여호와를 더욱 기쁘시게 함이 될 것이라

다윗이 살던 시대에는 제사장과 백성들은 소와 염소를 제물로 드려야만 했지만, 다윗은 계시로 말미암아 무엇인가 더 있다는 것을 알고 있었습니다. 그래서 다윗은 이 시편에서 예배하며, 찬양하며 하나님께 감사하는 것이 황소나 염소를 드리는 것보다 하나님을 더 기쁘시게 한다고 썼습니다.

똑같은 계시를 또 다른 옛 언약의 선지자가 다른 말로 표현했습니다.

호 14:1-2
이스라엘아 네 하나님 여호와께로 돌아오라 네가 불의함으로 말미암아 엎드러졌느니라 너는 말씀을 가지고 여호와께로 돌아와서 아뢰기를 모든 불의를 제거하시고 선한 바를 받으소서 우리가 수송아지를 대신하여 입술의 열매를 주께 드리리이다

입술의 수송아지로 인하여 하나님을 송축합니다! 얼마나 놀라운 계시인지요!

거룩한 손을 드는 것은 승리를 가져옵니다

당신이 하나님께 손을 드는 것이 얼마나 중요한지요! 당신이 손을 들어 올리는 것은 예배드린다는 단순한 표시가 아니라 섬기는 것입니다! 하나님의 사람들이 예배 때 손을 드는 것은 바라보기에 가장 아름다운 것입니다. 하늘을 향하여 당신의 손을 들고서 하나님께 찬양의 말을 하는 것은 하나님께 달콤한 향기가 나는 향을 올려 보내는 것입니다. 손을 드는 것이 번제와 기도와 분향하는 자리를 차지했습니다. 당신이 손을 들 때 그 시간은 당신이 주님을 사모하며 감사하는 시간이며, 그분을 예배하는 시간이지, 애원하고 부르짖는 시간이 아닙니다. 사랑과 감사가 가득한 심령으로부터 샘솟는 기쁨의 제물을 드리는 시간입니다.

예배 때 목회자가 손을 들라고 하면 피곤해 하거나 곧 내려 버리지 마십시오. 모세는 손을 드는 것이 어떤 능력이 있는지를 발견하였습니다. 율법에 기록되어 있지는 않지만 그는 발견하였습니다. 모세가 발견한 것을 읽어 봅시다.

출 17:9-12

모세가 여호수아에게 이르되 우리를 위하여 사람들을 택하여 나가서 아말렉과 싸우라 내일 내가 하나님의 지팡이를 손에 잡고 산 꼭대기에 서리라 여호수아가 모세의 말대로 행하여 아말렉과 싸우고 모세와 아론과 훌은 산 꼭대기에 올라가서 모세가 손을 들면 이스라엘이 이기고 손을 내리면 아말렉이 이기더니 모세의 팔이 피곤하매 그들이 돌을 가져다가 모세의 아래에 놓아 그가 그 위에 앉게 하고 아론과 훌이 한 사람은 이쪽에서, 한 사람은 저쪽에서 모세의 손을 붙들어 올렸더니 그 손이 해가 지도록 내려오지 아니한지라

얼마나 놀랍고 교훈적인 장면입니까! 주님께서 모세에게 그 산 꼭대기에서 그의 손을 들라고 명령하지 않으시고, 아론과 훌이 모세가 손을 들 때마다 이스라엘이 이기고, 모세의 손이 내려오자마자 이스라엘이 지기 시작한다는 것을 보게 되었습니다. 그래서 두 사람은 모세가 앉을 돌 하나를 준비하고 모세의 양손을 받쳐주었습니다. 모세의 손이 들려있는 한 이스라엘이 이겼습니다.

바울도 손을 드는 것의 중요성을 알고 있었기 때문에 그는 디모데전서 2:8에서 디모데에게 이렇게 지시하였습니다. "그러므로 각처에서 남자들이 분노와 다툼이 없이 거룩한 손을 들어 기도하기를 원하노라."

당신의 삶에서 없어지지 않은 어려움들을 겪고 있다면 이렇게 해보지 않았기 때문일 수도 있습니다. 손을 들고 기도하는 것은 영의 영역에서는 승리의 표시이며 당신은 그 상황을 극복하고 승리하여 하나님께 영광을 돌리게 될 것입니다.

새 언약에서의 예배

요 4:23
아버지께 참되게 예배하는 자들은 영과 진리로 예배할 때가 오나니 곧 이 때라 아버지께서는 자기에게 이렇게 예배하는 자들을 찾으시느니라

예배는 믿는 사람들의 제사장으로서의 사역에 아주 중요합니다. 예배는 옛 언약에서 무엇보다 우선적인 역할을 했고 오늘날도 예배는 매우 중요합니다. 하나님을 예배하는 것과 하나님을 바르게 예배하는 것은 별개의 문제입니다. 당신이 예배를 통해 기분이 좋았다고 당신이 예배를 바로 드린 것이 아닌 것은 마치 몸에 나쁜 음식들을 먹고 기분 좋아하는 것이 바른 식생활을 하는 것이 아닌 것과 마찬가지입니다. 그러므로 당신의 기분이 어떤가가 아니라 당신이 하나님의 말씀에서 보여주고 있는 대로 하나님의 방법으로 예배를 드리고 있다는 것을 확인해야만 합니다.

요한복음 4:23에서 예수님은 참된 예배자들의 특징을 요약해 주셨습니다. 그들은 영과 진리로 아버지를 예배합니다. 그렇다고 반드시 낮은 소리로 부드럽게 천천히 찬양을 하는 것은 아닙니다. 그분의 말씀을 따라 당신의 영으로부터 하나님을 예배한다는 뜻입니다.

하나님을 섬기고 예배하기 위해서 당신의 영과 하나님의 영이 하나가 되어야만 합니다. 이 말은 당신이 영과 진리 안에서 하나님을 예배할 수 있기 위해서는 반드시 거듭나고 성령으로 충만해야 한다는 뜻입니다. 바울은 이렇게 말했습니다. "내가 그의 아들의 복음 안에서 내 심령으로 섬기는 하나님이 나의 증인이 되시거니와…"(롬 1:9)

당신이 하나님을 성령과 진리 안에서 예배할 때 영들이 함께 마시는 연합이 있습니다. 이를 가리켜 성령의 교통하심이라고 부릅니다. 성령의 교통은 우리의 기도의 말이나 노래에 있는 것이 아니라 영의 영역에서 일어나는 소통과 이동에 있습니다. 예배는 당신을 높은 하나님의 영역들로 이동시켜 줍니다. 그것이 당신이 가끔 예배 중에 마치 이 땅의 영역에서 하나님의 영의 따뜻함 속으로 끌려들어가 황홀경을 느끼는 이유입니다. 하나님의 영광스러운 임재가 당신을 감싸게 되면 당신은 주변의 모든 것과 모든 사람을 완전히 잊어버린 자신을 발견하게 됩니다.

찬양의 제사와 감사드리기

성경은 이렇게 말합니다. "그러므로 우리는 예수로 말미암아 항상 찬송의 제사를 하나님께 드리자 이는 그 이름을 증언하는 입술의 열매니라"(히 13:15)

구약에서 제사장이 번제와 향을 드리듯이 오늘날 우리는 찬양할 때 우리가 하는 말과 주님께 감사하는 말로 우리 입술의 열매를 가지고 찬양의 제물을 드립니다.

찬양의 제사는 피상적으로 "주님, 저는 모든 일에 감사합니다."라고 말하는 것을 넘어서는 것입니다. 찬양이 되려면 당신의 영으로부터 나온 실제가 섞여야만 합니다. 당신이 하나님께 감사를 드릴 때는 반드시 감사를 하는 확실한 이유가 있어야만 하며, 당신이 그런 이유들을 말할 때 그것이 찬양입니다.

만일 내가 "이곳을 청소해 주어서 감사합니다."라고 말했다면 나는 당신을 칭찬한 것입니다. 그러므로 하나님을 찬양하는 것은 구체적인 이유로 말미암아 예수님의 이름으로 하나님께 감사를 드리는 것입니다. 찬양의 제사는 당신이 하나님의 은혜와 선하심 때문에 하나님께 당신이 드리는 고백, 선언, 시편, 찬송, 영의 노래들입니다. 뿐만 아니라 주님의 이름을 인정하고 축하하는 말도 찬양의 제사입니다. 이런 것들은 당신이 하나님을 영화롭게 하기 위해서 하나님의 말씀을 고백하는 것입니다.

이런 고백(혹은 선포)은 하나님께 영광을 돌리는 우리 입에서 나온 말이며, 입술의 송아지들이고 열매들입니다. 그러므로 당신이 고백을 하는 것은 하나님에 관하여 아름다운 말을 하는 것이며, 하나님이 하시는 놀라운 일에 대하여 간증을 하는 것입니다. 하나님 자신에 대해서와 당신에 대해서 하나님께서 하신 말씀을 선포하십시오. 당신이 예수의 이름으로 이런 고백을 할 때, 당신의 찬양과 예배를 달콤한 향기가 나는 제물로 받으시는 아버지 앞에 그분은 대제사장으로서 그 고백들을 드리십니다. 할렐루야!

능력을 활성화하는 것을 배우십시오

당신은 오늘 하나님께 기도하고 부르짖었던 어려운 상황에 직면하고 있을지도 모릅니다. 당신은 심지어 이 모든 것이 당신에게 유리하게 될 것이라고 고백했을 수도 있습니다. 모두 잘한 일입니다만, 상황이 바뀌기를 원한다면 이제 당신은 내가 보여주려고 하는 단계의 행동을 해야 합니다.

그리스도인으로서 기도할 때 하나님은 응답하신다는 것을 우리는 알고 있지만, 우리를 위해 풀려진 하나님의 능력이 우리를 위해 역사하도록 하는 것에 대해서는 많은 사람들이 모르고 있습니다. 이 능력을 활성화하는 방법 중에 하나가 찬양입니다.

사람들이 찬양을 통해서 하나님의 능력을 활성화했을 때 확실한 멸망으로부터 하나님의 백성들이 어떻게 구출되었는지 놀랍고 영감을 주는 이야기들이 성경 전체에 있습니다. 몇 개만 함께 보겠습니다.

노래하는 사람들은 최전방에 배치하십시오!

암몬, 모압, 세일 산, 이렇게 세 나라가 유다를 대적하여 와서 공격할 준비를 완료했습니다. 성경은 유다 왕 여호사밧이 그때 하나님께 이렇게 기도했다고 말하고 있습니다. "오 하나님, 하나님께서 이 땅을 우리에게 주셨는데, 이제 이 백성들이 우리에게서 이 땅을 빼앗고 우리를 이 땅으로부터 쫓아내려고 합니다."(대하 20:6-11)

하나님께서 당신에게 주신 것이라고 마귀가 그것을 당신에게서 빼앗아 가려고 하지 않는 것이 아닙니다. 사탄은 암몬, 모압, 세일 산을 통하여 하나님께서 유다의 후손들에게 주신 땅을 빼앗으려고 했습니다. 그러나 여호사밧 왕은 지혜로웠습니다. 그는 모든 유다 사람들을 모으고 기도와 금식으로 주님을 찾도록 했습니다. 그들이 기도하자 하나님께서는 선지자들의 아들들 중에 하나인 야하시엘을 통해 말씀하셨습니다.

대하 20:14-19

여호와의 영이 회중 가운데에서 레위 사람 야하시엘에게 임하셨으니 그는 아삽 자손 맛다냐의 현손이요 여이엘의 증손이요 브나야의 손자요 스가랴의 아들이더라 야하시엘이 이르되 온 유다와 예루살렘 주민과 여호사밧 왕이여 들을지어다 여호와께서 이같이 너희에게 말씀하시기를 너희는 이 큰 무리로 말미암아 두려워하거나 놀라지 말라 이 전쟁은 너희에게 속한 것이 아니요 하나님께 속한 것이니라 내일 너희는 그들에게로 내려가라 그들이 시스 고개로 올라올 때에 너희가 골짜기 어귀 여루엘 들 앞에서 그들을 만나려니와 이 전쟁에는 너희가 싸울 것이 없나니 대열을 이루고 서서 너희와 함께 한 여호와가 구원하는 것을 보라 유다와 예루살렘아 너희는 두려워하지 말며 놀라지 말고 내일 그들을 맞서 나가라 여호와가 너희와 함께 하리라 하셨느니라 하매 여호사밧이 몸을 굽혀 얼굴을 땅에 대니 온 유다와 예루살렘 주민들도 여호와 앞에 엎드려 여호와께 경배하고 그핫 자손과 고라 자손에게 속한 레위 사람들은 서서 심히 큰 소리로 이스라엘 하나님 여호와를 찬송하니라

하나님은 여호사밧과 이스라엘 자손들에게 그들의 원수들이 진을 치고 있는 정확한 장소와 물리칠 전략을 알려 주었습니다.

대하 20:21

백성과 더불어 의논하고 노래하는 자들을 택하여 거룩한 예복을 입히고 군대 앞에서 행진하며 여호와를 찬송하여 이르기를 여호와께 감사하세 그의 인자하심이 영원하도다 하게 하였더니

선두에 노래하는 사람들을 세우고 전쟁하러 나가는 군대에 대해 들어본 적이 있습니까? 어리석어 보이지만 이것이 하나님께서 여호사밧에게 주신 전략이었고 하나님은 정확하게 그렇게 하셨습니다. 적을 향해 나아가기 전에 그는 노래하는 사람들을 군대 앞에 세우고 그들은 적을 향하여 행군해 나아가면서 "주님을 찬양하세, 주의 인자는 영원하시도다!"라고 노래했습니다.

대하 20:22

그 노래와 찬송이 시작될 때에 여호와께서 복병을 두어 유다를 치러 온 암몬 자손과 모압과 세일 산 주민들을 치게 하시므로 그들이 패하였으니

하나님을 찬양하는 노래를 하는 사람들이 군인들을 앞서 나갈 때 주님께서 적을 대항하여 복병을 두셨고, 적들은 자기들의 칼

을 빼어 서로를 죽였습니다. 이스라엘 군대가 적진에 도착해 보니 그들은 모두 죽어 있었습니다. 그들은 전투에서 피 한 방울 흘리기는커녕 손가락하나 까딱하지 않고 자신들을 치려고 나온 막강한 군대를 무찔렀습니다.

문제가 닥치면 여호사밧처럼 당신도 "노래하는 사람들을 앞세우고" 똑같은 결과를 기대할 수 있습니다. 이런 경우에 당신이 노래할 기분이 들 때까지 기다리지 마십시오. 노래할 기분이 나든지 안 나든지, 행복하든지 않든지 관계없이 찬양의 노래를 부르십시오. 이스라엘 자손들이 암몬, 모압, 세일 산의 연합군에 의해 공격을 받게 되었을 때 행복하게 축하를 할 분위기는 전혀 아니었습니다. 이 강력한 적군을 향하여 나아갈 때 그들이 행복해할 수 있었던 것은 바로 하나님께서 그들에게 하나님을 찬양하라고 말씀하셨다는 사실 뿐이었습니다. 그들은 찬양을 했으며 하나님은 그들에게 승리를 가져다주었습니다.

감옥의 초자연적인 파괴

바울과 실라가 로마의 가장 경비가 삼엄한 감옥으로부터 나오게 된 것도 찬양으로 말미암아 하나님의 능력이 어떻게 풀려나는지를 보여주는 영감 있는 또 하나의 예입니다.

행 16:22-26

무리가 일제히 일어나 고발하니 상관들이 옷을 찢어 벗기고 매로 치라 하여 많이 친 후에 옥에 가두고 간수에게 명하여 든든히 지키라 하니 그가 이러한 명령을 받아 그들을 깊은 옥에 가두고 그 발을 차꼬에 든든히 채웠더니 한밤중에 바울과 실라가 기도하고 하나님을 찬송하매 죄수들이 듣더라 이에 갑자기 큰 지진이 나서 옥터가 움직이고 문이 곧 다 열리며 모든 사람의 매인 것이 다 벗어진지라

이런 경우에 어떤 사람들은 고통과 후회의 만가를 불렀을 것입니다만 바울과 실라는 하나님께 기도하고 찬양을 하였습니다. 성경은 찬양했을 때 하나님의 능력이 활성화되어 감옥에 지진이 일어났다고 했습니다. 죄수들의 차꼬가 모두 풀어졌으며 옥문이 활짝 열리고 그들은 하나님의 능력으로 자유롭게 되었습니다. 이 기적적인 장면은 그 감옥의 간수와 그의 온 가족을 구원하는 계기가 되었습니다.

행 16:27-34

간수가 자다가 깨어 옥문들이 열린 것을 보고 죄수들이 도망한 줄 생각하고 칼을 빼어 자결하려 하거늘 바울이 크게 소리 질러 이르되 네 몸을 상하지 말라 우리가 다 여기 있노라 하니

간수가 등불을 달라고 하며 뛰어 들어가 무서워 떨며 바울과 실라 앞에 엎드리고 그들을 데리고 나가 이르되 선생들이여 내가 어떻게 하여야 구원을 받으리이까 하거늘 이르되 주 예수를 믿으라 그리하면 너와 네 집이 구원을 받으리라 하고 주의 말씀을 그 사람과 그 집에 있는 모든 사람에게 전하더라 그 밤 그 시각에 간수가 그들을 데려다가 그 맞은 자리를 씻어 주고 자기와 그 온 가족이 다 세례를 받은 후 그들을 데리고 자기 집에 올라가서 음식을 차려 주고 그와 온 집안이 하나님을 믿으므로 크게 기뻐하니라

어려움을 당하거나 힘든 도전에 직면했을 때에도 하나님을 찬양하며 노래하는 것을 배우십시오. 말씀을 선포하고 기쁘게 방언으로 찬양하며 감사하면 당신을 대신해서 하나님께서 개입하시므로 당신은 강력한 구출과 대단한 기적들을 체험하게 될 것입니다.

"해"를 바라보면 그림자를 보지 않게 됩니다

몇 년 전에 수년 동안 병들어서 마침내 살기를 포기한 젊은 여성이 저희 집회에 참석하였습니다. 그녀는 병들어 고통스런 몸으로 집회 장소에 앉아 있었고 영광스런 예배가 진행되고 있

었습니다. 그 가운데서 그녀는 이런 생각을 혼자 하게 되었습니다. '정말 놀랍다. 나도 평생에 하나님을 경배할 기회가 있다면 바로 이런 경배일 것이야!' 바로 그 순간 그녀는 자신의 아픔에서 눈을 떼고 하나님을 바라보았습니다. 그녀는 극심한 고통에도 불구하고 중심을 다 하여 하나님을 경배했습니다. 갑자기 그녀는 자신이 손을 높이 들고 있는 것을 알아차렸습니다. 이 손은 이전에 움직일 수 없었던 바로 그 손이었습니다. 잠깐 동안 그녀는 어떻게 내 손을 들 수 있었을까 생각했습니다. 그때 그녀는 자신이 치유 받았다는 것을 알아차리고 간증을 하려고 앞으로 달려 나갔습니다.

그녀는 그냥 경배를 하고 있었습니다! 당신이 자신의 문제로부터 눈을 떼고 그 대신 경배와 찬양 가운데 하나님을 바라볼 때 얼마나 놀라운 기적들이 일어날 수 있는지요! 해를 쳐다보는 사람은 그림자들을 보지 못한다고 헬렌 켈러는 얼마나 옳은 말을 했는지요! 얼마나 맞는 말입니까! 당신이 하나님을 경배하면 당신의 심령은 하나님께로 향하고 당신 주변의 악한 것들을 보지 않게 됩니다. 예수님은 의의 해입니다(말 4:2). 당신이 하나님을 바라보면 문제들이 사라질 것입니다.

귀신에게 극심한 고통을 받고 있는 딸을 가진 가나안 여인은 자신의 문제로부터 고개를 돌리고 주님을 경배했습니다. 주님께 처음 찾아 왔을 때 그녀의 관심은 온통 자신의 문제 즉 귀신들려

고통 받고 있는 딸이었지만, 그녀가 주님을 경배할 때까지 주님은 한마디 대꾸도 하지 않으셨습니다(마 15:21-28). 고맙게도 그녀는 자신의 문제에서 눈을 돌려 경배하며 주님을 바라볼 수 있을 만큼 양식이 있었습니다. 이렇게 하여 주님의 주의를 끌게 된 그녀는 자신에게 필요한 기적을 얻었습니다.

예수님의 발에 매우 비싼 향유를 부었던 한 여자에 관한 아름다운 이야기를 누가복음 7:36-47에서 읽을 수 있습니다. 향기로운 냄새가 그 집안을 가득 채우게 되었을 때 그녀의 값진 희생은 경배로 가득한 그녀의 심령으로부터 말미암은 것이었기 때문에 하나님께서 받으셨으며, 그녀의 많은 죄도 한순간에 용서받게 되었습니다. 많은 세대가 지난 지금도 우리는 그녀에 관한 이야기를 읽으며 탁월한 행동으로 경배를 드린 그녀에게서 배웁니다.

사모하며 찬양으로 하나님께 말할 때 하나님이 당신을 받으신다는 것을 당신은 알고 있어야 합니다. 주님께 감사할 일은 너무나 많으므로 무엇을 얻기 위해서만 하지 말고, 그분의 위엄을 인정하며 그분을 경배하며 손을 높이 드는 것을 배우십시오. 그분이 어떤 분임으로 인해서 끊임없이 그분을 영화롭게 하는 것을 배우십시오.

결 론

기도로의 특별한 초대

매주 월, 수, 금요일에 나는 전 세계에 있는 성도들에게 하나님의 성령께서 내 심령에 감동하시는 대로 기도 제목과 예언을 보냅니다.

이 기도 제목과 예언들은 www.yookos.com에 게시되며, 게시되는 날마다 우리는 낮 12시(GMT +1)와 밤 10시(GMT +1)에 15분간 기도합니다.

전 세계 수많은 그리스도인들이 이 특별한 웹사이트를 통하여 기도와 중보에 대해 동기를 부여받고 동원되었으며, 세계 곳곳에서 대단한 간증들이 있습니다.

www.yookos.com에 오늘 방문하여 등록하십시오. 저를 팔로우하여 저의 게시물을 받으시고, 또한 "생방송 크리스 목사"

페이지(www.yookos.com/pastorchrislive)에 가셔서 팔로우 하십시오. 세계에서 가장 빠르게 성장하며, 당신도 이용할 수 있는 역동적이고 대단한 능력을 만들어내는 기도 네트워크에 당신이 동참하시기를 고대합니다.

또한 www.christembassy.org(한국 사이트 www.christembassy.kr)에 방문하셔서, 우리의 사역과 당신의 세상에 영향을 미치기 위해 당신이 이용할 수 있는 다양한 기회들에 대한 정보를 얻으십시오. 하나님께서 당신을 축복하십니다.

「말씀의 실재」 정기구독 안내

매일 묵상집 「말씀의 실재」는 수백만 부가 970개어로 번역되어 242개국에 배부되고 있으며, 계시와 가르침, 실제적인 사례, 말씀에 기초한 기도와 고백, 성경 읽기 계획, 참고 성경구절들로 구성되어 있습니다.

저자 : 크리스 오야킬로메
가격 : 권당 한글판 1,500원 | 영문판 2,000원

- **1년 정기구독료** : 한글판 24,000원 | 영문판 30,000원

- **납입 계좌** : 국민은행 279601-04-092224 (예금주 : 믿음의말씀사)
  신한은행 100-028-355147 (예금주 : 믿음의말씀사)
  농　협 221118-56-119478 (예금주 : 최순애)

- **신청 방법** : 전　화 031) 8005-5483/5493
  홈페이지 http://faithbook.kr

- **배송 안내** : 일반우편 (5권 미만 구독) / 택배 (5권 이상 구독)
  당월 도서는 전월 말일까지 수령하는 것을 원칙으로 합니다.

- **공지 사항** :
  - 구독기간 중에는 해지 또는 다른 상품으로 교환할 수 없습니다.
  - 전월 28일까지 도서를 수령하지 못한 경우 고객센터로 연락 주시면 다시 발송해 드립니다.
  - 구독기간 중도에 배송지가 변경될 경우에는 매월 10일까지 고객센터로 주소변경 신청을 하셔야 하며, 이후 변경 건에 대해서는 다음 월호부터 적용됩니다.

- **무료 구독** : 군복무중인 현역 사병과 복역중인 재소자는 1년간 무료로 받아 보실 수 있습니다. 구독 신청은 홈페이지(www.faithbook.kr)로만 가능하며 상단 게시판의 무료구독신청란에 이름과 주소를 남겨주시기 바랍니다.

믿음의말씀사 출판물

구입문의 : 031-8005-5483 / 5493 http://faithbook.kr

■ 케네스 해긴의 「믿음 도서관」 책들

- 새로운 탄생 | 값 1,000원
- 재정 분야의 순종 | 값 1,000원
- 나는 지옥에 갔다 왔습니다 | 값 1,000원
- 하나님의 처방약 | 값 1,000원
- 더 좋은 언약 | 값 1,000원
- 예수의 보배로운 피 | 값 1,000원
- 하나님을 탓하지 마십시오 | 값 1,000원
- 네 주장을 변론하라 | 값 1,000원
- 셀 모임에서 성령인도 받기 | 값 1,000원
- 안수 | 값 1,000원
- 치유를 유지하는 법 | 값 1,000원
- 사랑은 결코 실패하지 않습니다 | 값 1,000원
- 하나님께서 내게 가르쳐 주신 형통의 계시 | 값 1,000원
- 왜 능력 아래 쓰러지는가? | 값 1,000원
- 다가오는 회복 | 값 1,000원
- 잊어버리는 법을 배우기 | 값 1,000원
- 위대한 세 단어 | 값 1,000원
- 하나님의 은사와 부르심 | 값 1,000원
- 그 이름은 "놀라우신 분" | 값 1,000원
- 우리에게 속한 것을 알기 | 값 1,000원
- 성령을 받는 성경적인 방법 | 값 1,200원
- 하나님의 영광 | 값 1,200원
- 은혜 안에서의 성장을 방해하는 다섯 가지 | 값 1,200원
- 사랑 가운데 걷는 법 | 값 1,200원
- 바울의 계시: 화해의 복음 | 값 1,200원
- 당신은 당신이 말하는 것을 가질 수 있습니다 | 값 1,200원
- 그리스도 안에서 | 값 2,000원
- 말 | 값 2,000원
- 방언기도의 능력을 풀어 놓으라 | 값 2,000원
- 옳은 사고방식 틀린 사고방식 | 값 2,000원
- 속량-가난, 질병, 영적 죽음에서 값 주고 되사다 | 값 2,000원
- 네 염려를 주께 맡겨라 | 값 2,000원
- 예언을 분별하는 일곱 단계 | 값 2,000원
- 절망적인 상황을 반전시키기 | 값 2,000원
- 당신의 믿음을 풀어 놓는 법 | 값 2,000원
- 진짜 믿음 | 값 2,000원
- 믿음이란 무엇인가 | 값 2,000원
- 그리스도께서 지금 하고 계시는 일 | 값 3,000원
- 충분하고도 넘치는 하나님 엘 샤다이 | 값 2,500원
- 금식에 관한 상식 | 값 2,500원
- 하나님의 말씀 : 모든 것을 고치는 치료제 | 값 3,000원
- 가족을 섬기는 법 | 값 3,000원
- 조에 | 값 4,000원
- 당신이 알아야 하는 신유에 관한 일곱 가지 원리 | 값 5,000원
- 여성에 관한 질문들 | 값 6,000원
- 인간의 세 가지 본성 | 값 5,500원
- 몸의 치유와 속죄 | 값 6,000원
- 크게 성장하는 믿음 | 값 6,000원
- 하나님 가족의 특권 | 값 6,500원
- 기도의 기술 | 값 7,000원
- 나는 환상을 믿습니다 | 값 7,000원
- 병을 고치는 하나님의 말씀 | 값 7,000원
- 영적 성장 | 값 7,000원
- 신선한 기름부음 | 값 7,000원
- 믿음이 흔들리고 패배한 것 같을 때 승리를 얻는 법 | 값 7,000원
- 믿음의 선한 싸움을 싸우는 법 | 값 9,000원
- 하나님의 계획과 목적과 추구 | 값 8,000원
- 예수 열린 문 | 값 8,000원
- 믿음의 계단 | 값 12,000원
- 당신을 향한 하나님의 계획 | 값 8,500원
- 역사하는 기도 | 값 9,000원
- 기름부음의 이해 | 값 9,000원
- 내주하시는 성령 임하시는 성령 | 값 11,000원
- 재정적인 번영에 대한 성경적 열쇠들 | 값 9,000원
- 어떻게 하나님의 영으로 인도받을 수 있는가? | 값 13,000원
- 마이더스 터치 | 값 10,000원
- 치유의 기름부음 | 값 13,000원
- 그리스도의 선물 | 값 16,000원
- 방언 | 값 12,000원
- 믿는 자의 권세(생애기념판) | 값 13,000원
- 믿음의 양식 | 값 13,000원
- 승리하는 교회 | 값 15,000원

■ E. W. 케년

- 십자가에서 보좌까지 무슨 일이 일어났는가? | 값 16,000원
- 두 가지 의 | 값 7,000원
- 놀라우신 그 이름 예수 | 값 9,000원
- 하나님 아버지와 그분의 가족 | 값 12,000원
- 나의 신분증 | 값 4,000원
- 두 가지 생명 | 값 11,000원
- 새로운 종류의 사랑 | 값 6,000원
- 그분의 임재 안에서 | 값 13,000원
- 속량의 관점에서 본 성경 | 값 20,000원
- 두 가지 지식 | 값 4,500원
- 피의 언약 | 값 4,500원
- 숨은 사람 | 값 16,000원
- 두 가지 믿음 | 값 9,000원
- 새로운 피조물의 실재 | 값 16,000원

■ 스미스 위글스워스

- 스미스 위글스워스의 천국 | 값 11,000원
- 스미스 위글스워스의 매일묵상 | 값 20,000원
- 위글스워스는 이렇게 했다 | 피터 J. 매든 지음 · 값 9,000원
- 스미스 위글스워스의 능력의 비밀 | 피터 J. 매든 지음 · 값 7,000원

■ T. L. 오스본
- 행동하는 신자들 | 값 4,500원
- 기적 – 하나님 사랑의 증거 | 값 4,500원
- 새롭게 시작하는 기적 인생 | 값 8,000원
- 좋은 인생 | 값 13,000원
- 성경적인 치유 | 값 10,000원
- 능력으로 역사하는 메시지 | 값 16,000원
- 100개의 신유 진리 | 값 1,000원
- 24 기도 원리 7 기도 우선순위 | 값 1,000원
- 하나님의 큰 그림 | 값 5,500원
- 긍정적 욕망의 힘 | 값 10,000원

■ 잔 오스틴
- 믿음의 말씀 고백기도집
- 하나님의 사랑의 흐름
- 견고한 진 무너뜨리기
- 초자연적인 흐름을 따르는 법
- 당신의 운명을 바꿀 수 있습니다
- 어떻게 하나님의 능력을 풀어놓을 수 있는가?

■ 크리스 오야킬로메
- 방언기도학교 31일 | 값 2,500원
- 여기서 머물지 말라 | 값 2,500원
- 이제 당신이 거듭났으니 | 값 1,500원
- 당신의 인생을 재창조하라 | 값 2,000원
- 이 마차에 함께 타라 | 값 5,000원
- 그리스도 안에 있는 당신의 권리 | 값 2,500원
- 당신의 치유를 유지하기 | 값 500원
- 성령님과 당신 | 값 2,500원
- 방언의 능력 | 값 1,000원
- 성령님이 당신 안에서 행하실 일곱 가지 | 값 3,500원
- 성령님이 당신을 위해 행하실 일곱 가지 | 값 3,000원
- 기적을 받고 유지하는 법 | 값 2,500원
- 하나님께서 당신을 방문하실 때 | 값 3,500원
- 올바른 방식으로 기도하기 | 값 2,500원
- 당신의 믿음을 역사하게 하는 법 | 값 5,000원
- 끝없이 샘솟는 기쁨 | 값 1,500원
- 기름과 겉옷 | 값 4,000원
- 약속의 땅 | 값 8,000원
- 하나님의 일곱 영 | 값 5,000원
- 예언 | 값 4,000원
- 시온의 문 | 값 4,000원
- 하늘에서 온 치유 | 값 10,000원
- 효과적으로 기도하는 법 | 값 6,500원
- 어떤 질병도 없이 | 값 6,000원
- 주제별 말씀의 실재 | 값 15,000원
- 마음의 능력 | 값 8,000원

■ 앤드류 워맥
- 당신은 이미 가졌습니다 | 값 14,000원
- 은혜와 믿음의 균형 안에 사는 삶 | 값 14,000원
- 하나님은 당신이 건강하기 원하십니다 | 값 12,000원

- 영 · 혼 · 몸 | 값 10,000원
- 전쟁은 끝났습니다 | 값 11,000원
- 믿는 자의 권세 | 값 12,000원
- 새로운 당신과 성령님 | 값 6,500원
- 노력 없이 오는 변화 | 값 10,000원
- 하나님의 충만함 안에 거하는 열쇠 | 값 9,000원
- 더 좋은 기도 방법 한 가지 | 값 9,000원
- 재정의 청지기 직분 | 값 10,500원
- 하나님을 제한하지 마라 | 값 8,500원
- 하나님의 뜻을 발견하고 따라가며 성취하라 | 값 16,000원

■ 기타 「믿음의 말씀」 설교자들
- 성령의 삶 능력의 삶 | 데이브 로버슨 지음 · 값 20,000원
- 복을 취하는 법 | R.R. 쏘아레스 지음 · 값 5,500원
- 주는 자에게 복이 되는 선물 | R.R. 쏘아레스 지음 · 값 6,000원
- 믿음으로 사는 삶 | 코넬리아 나훔 지음 · 값 6,000원
- 붉은 줄의 기적 | 리차드 부커 지음 · 값 10,000원
- 당신이 말한 대로 얻게 됩니다 | 돈 고셋 지음 · 값 10,000원
- 예수-치유의 길 건강의 능력 | 윌포드 H. 리트 지음 · 값 11,000원
- 믿음과 고백 | 찰스 캡스 지음 · 값 12,000원
- 임재 중심 교회 | 테리 테이클/린 폰더 지음 · 값 11,000원
- 성령충만한 그리스도인의 지침서 | 데릭 프린스 지음 · 값 30,000원
- 열정과 끈기 | 조엘 코미스키 지음 · 값 8,000원
- 제자 만들기 | 랄프 무어 지음 · 값 11,000원
- 어떻게 교회를 배가하는가 | 랄프 무어 지음 · 값 15,000원
- 초자연적으로 타고난 | 채드 곤잘레스 지음 · 값 12,000원
- 운명 | T. D. 제이크스 지음 · 값 16,000원
- 모든 사람을 위한 치유 | 커리 R. 블레이크 · 값 9,000원
- 그렇지 않습니다 | 월포드 라이트 · 값 5,000원

■ 김진호 · 최순애
- 왕과 제사장 | 김진호 지음 · 값 6,500원
- 새로운 피조물의 실재 | 김진호 지음 · 값 9,000원
- 믿음의 반석 | 최순애 지음 · 값 22,000원
- 새 언약의 기도 | 최순애 지음 · 값 8,000원
- 새로운 피조물 고백기도집 | 최순애 지음 · 값 5,000원
- 성령 인도 | 최순애 지음 · 값 7,000원
- 복음의 신조 | 최순애 지음 · 값 9,000원
- 존중하는 삶 | 최순애 지음 · 값 8,000원
- 성경의 세 가지 접근 | 최순애 지음 · 값 3,000원
- 말씀 묵상과 고백 | 최순애 지음 · 값 3,000원
- 그리스도의 교리 | 김진호 지음 · 값 10,000원
- 영혼 구원 | 김진호 지음 · 값 8,000원
- 새로운 피조물 | 김진호, 최순애 지음 · 값 10,000원